Happy Birthday to You

Happy birthday to you.
Happy birthday to you.
Happy birthday, dear my friend.
Happy birthday to you.

Thank you, my friends.
Thank you, my friends.
Thank you, dear my friends.
Thank you, my friends.

생일은 **기다림**을 알게하는 날!
내 년에 다시 돌아올
생일을 꼭 기다리게 되요~!

초등학교 전 교육과정 중심으로 600가지 동물이야기

참 나의 첫 동물도감

로버드 짐 / 박종수 옮김

(유)태평양저널

차례

동물편(動物篇) 5
- 포유류
- 파충류
- 양서류

조류편(鳥類篇) 55
- 엽조류
- 섭금류
- 맹금류
- 명금류
- 풍조류

어류편(魚類篇) 97
- 연골어류
- 경골어류

곤충편(昆蟲篇) 123
- 무척추동물
- 절지동물

● 찾아보기 156

머리말

현재 우리가 살고 있는 지구상의 땅과 하늘과 물은 놀랄 만큼 다양한 생명들로 가득차 있습니다. 지금까지 알려진 동물만 해도 1500만 여종이 넘을 정도입니다. 그러한 동물들은 모두 척추동물과 무척추동물이라는 두 무리로 분류될 수 있습니다. 포유류, 파충류, 양서류, 어류, 조류는 모두 등뼈를 가진 척추동물입니다. 곤충, 거미, 달팽이 등의 무척추 동물에게는 등뼈가 없습니다. 그러나 아직도 발견되지 않은 곤충이나 작은 무척추 동물들이 무수히 많이 있을 것입니다. 이 동식물백과는 호랑이부터 곤충에 이르기까지 그림과 설명을 실어 어린이 여러분의 학습자료에 궁금한 점을 풀어드릴 것입니다.

동물편(動物篇)

- **포유류(哺乳類)**
  호랑이, 사자, 코끼리 등

- **파충류(爬蟲類)**
  악어, 거북, 도마뱀 등

- **양서류(兩棲類)**
  개구리, 영원, 도롱뇽 등

여름풍경

봄부터 가을까지 동물들이 생활하는 야산에는 먹이가 풍부하며, 대개의 동물들은 이때 새끼를 낳아 기른다. 또 이때 영양을 충분히 섭취하여 곧 다가올 추운 겨울에 대비한다. 동물들의 털은 여름에 다시 생겨나기도 한다.

겨울풍경

추운 겨울에는 숲속의 나뭇잎이나 열매가 떨어지고 동물들의 먹이가 부족하여 몇 종류의 동물들은 겨울잠을 잔다. 그 나머지 동물들은 부족한 먹이를 찾으러 다닌다. 털은 따뜻한 겨울털이 생겨나 추위에 견딜 수 있다.

포유류-호랑이

전세계 어디에서나 포유류를 찾아볼 수 있으며, 인간은 무려 4,000여 종의 포유류 가운데 하나이다.

포유류는 모두 일정한 공통점이 있다. 즉 더운 피가 흐르고, 숨쉴 수 있는 허파가 있으며, 몸통을 받쳐주고 내장을 보호해 주는 뼈대가 있다. 또한 비교적 뇌가 크고 예민한 감각을 갖고 있으며, 몸에 털이 있다.

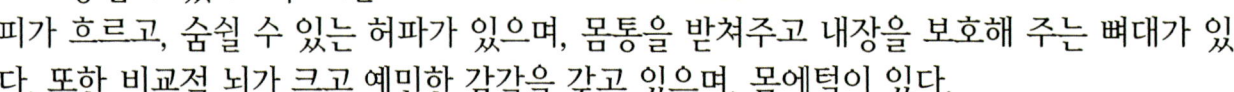

호랑이는 야생 고양이과 동물 가운데 가장 크고 힘이 세다. 20세기 초반만 해도 수십만 마리의 호랑이들이 아시아 산림지대에서 살았었다. 그러나 숲이 파괴되고 지나친 사냥 때문에 호랑이수가 크게 줄어들었다. 지금은 대략 6,000~9,000마리만 남아 있다.

호랑이 몸길이 173~186cm, 멧돼지가 주식이며 나무 열매도 먹는 잡식성이다.

■ 호랑이의 비밀

- 보금자리는 바위밑에 만들고, 새끼를 2~4마리를 낳는다.
- 새끼는 3개월이 되면 젖을 떼고 1~2년이면 독립한다.

한국 호랑이

♣ 호랑이의 생활

- 한번 배부르게 먹으면 오랫동안 먹지 않는다.
- 주로 해가 진 뒤나 새벽에 활동한다.
- 나무에 잘 기어오르고 헤엄도 잘 친다.

곰

곰은 수백만 년 전 개와 비슷한 조상에서 진화했다. 곰은 육지에 사는 포유류 가운데 가장 큰 편에 속하며, 식물과 곤충을 비롯해서 못 먹는 것이 없는 잡식성 동물이다.

큰곰(불곰) 몸길이 2.4m, 헤엄을 잘 친다. 큰곰(불곰)은 반달가슴곰보다 몸이 크고 성질이 난폭하다.

■ **곰의 새끼 기르기**

- 어미곰은 추운 겨울 동안 내내 겨울잠을 자면서 굴 속에 새끼를 낳는다.

- 새끼는 먹이를 얻는 법이나 먹는 법을 어미곰이나 수컷곰에게 배운다.

- 2년째의 여름, 수컷이 새끼를 나무 위에 올려 보내고, 어미와 새끼를 갈라 놓는다.

- 새끼는 어미와 헤어진 뒤부터는 혼자서 먹이를 찾아 먹어야 한다.

반달가슴곰 (천연기념물 제329호) 몸길이가 2~2.5m이고, 나무를 잘 타며 앞가슴에 초승달 모양의 흰 무늬가 있다. 도토리를 가장 좋아하고 가재, 나무 열매, 어린 싹의 잎을 먹는 잡식성이다.

안경무늬곰

• 회색곰이 연어를 잡아 먹는다.

• 흑곰이 나무에 올라가 있는 광경

토끼, 두더지, 다람쥐

산토끼 몸길이 42~49cm, 낮에는 풀숲이나 굴에서 자고, 밤에 풀이나 나무의 새싹을 먹는다.

🔲 산토끼의 비밀

- 산토끼의 털은 여름에는 갈색, 겨울에는 흰색으로 변하는데, 이것은 (일조 시간과 관련이 있다) 주변환경과 관계가 있고 북극토끼에 해당된다.

여름털   털갈이   겨울털

🔲 두더지 굴

봄에 새끼가 태어난다. 풀, 나뭇잎 등을 넣어 둔다.

복잡하게 만들어 놓은 굴

먹이를 저장하는 곳

두더지 몸길이 13~16cm, 땅에 터널을 파고 생활한다. 지렁이, 개구리 등을 먹는다.

🔲 쥐의 비밀

앞니가 계속 자란다.   폭이 아주 좁은 길도 잘 건넌다.

수염으로 주위의 상황을 살핀다.   사람이 들을 수 없는 소리를 낸다.

쥐 몸 길이 20cm, 집이나 농경지, 초원 등지에서 산다.

먹이를 저장하는 장면

다람쥐 몸길이 12~15cm, 나무를 잘 타며 겨울에는 나무구멍이나 땅굴에서 수면 상태로 겨울을 지낸다.

날다람쥐 몸길이 48cm, 하늘다람쥐와 비슷하나 야행성이다.

하늘다람쥐 (천연기념물 제328호) 몸길이 17cm, 백두산 일대에 흔하나 중부지방에서는 희귀하다.

■ **다람쥐와 청솔모의 먹이**

과실 나뭇잎 나무 껍질
새알 도토리 밤 잣

청설모 몸길이 20~25cm, 주로 도토리나 과일을 먹으며 먹이를 땅 속에 저장도 한다.

사슴, 노루

백두산 사슴 어깨높이 125cm, 우리나라에서 서식하는 사슴가운데 가장 큰 종류.

사슴 몸무게가 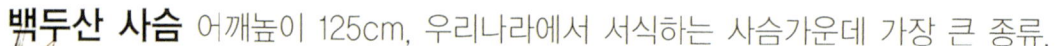 75-340kg 이나 되고 수컷은 매년 뿔이 빠졌다 다시 난다.

■ 사슴의 비밀

엉덩이의 흰 털을 펴서 동료들에게 위험을 알린다.

뿔

봄　　여름　　가을~겨울

산양 [천연기념물 제217호] 몸길이 125~130cm, 세계에 다섯 종류뿐이며 경사진 가파른 바위 틈에서 서식한다.

사향노루 [천연기념물 제216호] 몸길이 86cm, 수컷의 복부에 사향 주머니가 있다.

노루 몸길이 95~115cm, 사슴과 비슷하나 뿔이 작고 겨울에 빠졌다가 봄에 다시 나며, 풀이나 나무잎을 먹는다.

고라니 몸길이 90cm, 암수 모두 뿔이 없으며, 송곳니가 길게 자라 입 밖으로 나온다. 이것으로 나무뿌리를 캐 먹는다.

사자, 기린

사자 몸길이 1.4~1.9m, 수컷은 훌륭한 갈기가 있지만 암컷과 새끼는 갈기가 없다. 초원이나 잡목이 자라는 곳에서 가족 단위로 모여 산다. 수컷 3마리와 암컷 15마리와 새끼들로 이룬다.

사자는 백수의 왕이라 불려질 만큼 강한 동물이지만, 새끼의 사망률이 높아 만1세가 되기까지 50퍼센트가 죽는다.

수사자와 암사자

◨ 사자의 생활

- 무리를 지어 살며 수컷이 1~2마리 암컷이 2~4마리, 새끼가 5~6마리 있다.

- 낮동안은 거의 쉬고 저녁때부터 먹이를 잡으러 간다.

- 대개 암컷이 사냥을 하고 수컷이 먼저 먹는다.

기린 키 4.9m, 몸의 무늬가 고른 것과 고르지 않은 것이 있으며 시속 50km로 달린다.

■ **기린은 왜 목이 길까요?**

- 먼 곳을 볼 수 있으므로 가까이 오는 적을 곧 발견한다. 얼룩말도 근처에서 안심하고 지낼 수 있다.

- 높은 곳에 있는 나뭇잎에도 입이 닿는다.

오가피 어깨 높이 1.6m, 깊은 삼림의 습한곳에 살며 나뭇잎, 과일 등을 먹는다.

- **누가 더 힘이 센가?**
기린들은 서로 목을 들이대고 힘겨루기를 하기도 한다.

오가피는 기린과의 한 종류이다.

치타, 표범, 하이에나

치타 몸길이 1.4m, 동물들 중에서 가장 빠르며 시속 110km로 뛰며 토끼, 임팔라 등을 잡아 먹고 산다.

리카온 몸길이 90cm, 초원에 떼지어 살며 서로 힘을 합해 얼룩말이나 멧돼지를 습격하여 잡아먹는다.

표범 몸길이 1.5m, 뛰어 오르는 힘이 세고 나무 타기를 잘한다. 사냥을 하여 먹고 남은 먹이는 나무에 올려서 저장해 둔다.

얼룩점박이하이에나 몸길이 1.5m, 떼를 지어 살며 죽은 동물고기를 먹거나 얼룩말 등을 여러마리가 습격을 하여 사냥하기도 한다.

줄무늬하이에나 몸길이 1m, 밤에 돌아다니며 죽은 동물고기나 다른 동물이 먹다 남긴 고기를 찾는다.

🟥 여러 가지 사냥법

카라칼은 풀 그늘에 숨어서 몰래 가만히 다가간다.

치타는 달리는 속도가 매우 빨라서 달아나는 먹이를 잘 쫓아가 잡는다.

표범은 나무 위에 숨어서 기다리다가 뛰어내리면서 습격한다.

사자는 2-3마리가 힘을 합해서 먹이를 잡는다.

리카온은 떼 지어 습격하고 교대로 쫓아간다.

하이에나는 사냥을 하기도 하고, 다른 동물이 먹다 남은 것을 찾기도 한다.

너구리, 오소리, 박쥐

너구리 몸길이 50~68cm, 땅속에 판 집이나 나무의 구멍에서 산다.

담비 몸길이 46cm, 나무의 굴이나 바위 틈에 서식한다. 다람쥐, 토끼, 작은새, 열매 등을 먹는다.

위험할 때 　 숨기 전에 　 겨울잠

고슴도치 몸길이 11~21cm, 잡식성이어서 도마뱀, 개구리, 새알, 열매를 먹는다.

■ **너구리의 먹이**

나무열매 　 죽순이나 뿌리 　 곡식류
쥐 　 물고기 　 벌레

오소리 몸길이 70~90cm, 너구리와 함께도 살며 벌레, 두더지, 열매 등 무엇이든지 잘 먹는다.

스라소니 몸길이 1m, 야행성으로 낮에는 숨어 있다. 밤에 토끼, 꿩, 청설모, 들쥐를 잡아 먹는다.

관박쥐 몸길이 5~6.5cm, 동굴이나 바위굴에 서식하며, 주로 딱정벌레를 먹고 산다.

• 박쥐는 새처럼 나는 유일한 포유류이다. 박쥐는 초음파를 내어 그것이 되돌아오는 소리를 들어 벌레를 찾는다.

🟥 박쥐의 비밀

• 낮에는 집굴에서 자고 밤에 활동한다.   • 한 번에 자기 몸무게의 1/2의 해충을 먹는다.

물고기 잡는 박쥐

큰박쥐 몸길이 1.5m, 박쥐 가운데 날개가 가장 크며, 낮에는 수천 마리씩 떼를 지어 나무에서 쉬다가 해질 무렵이면 꿀과 과일을 찾아 다닌다.

동굴의 박쥐

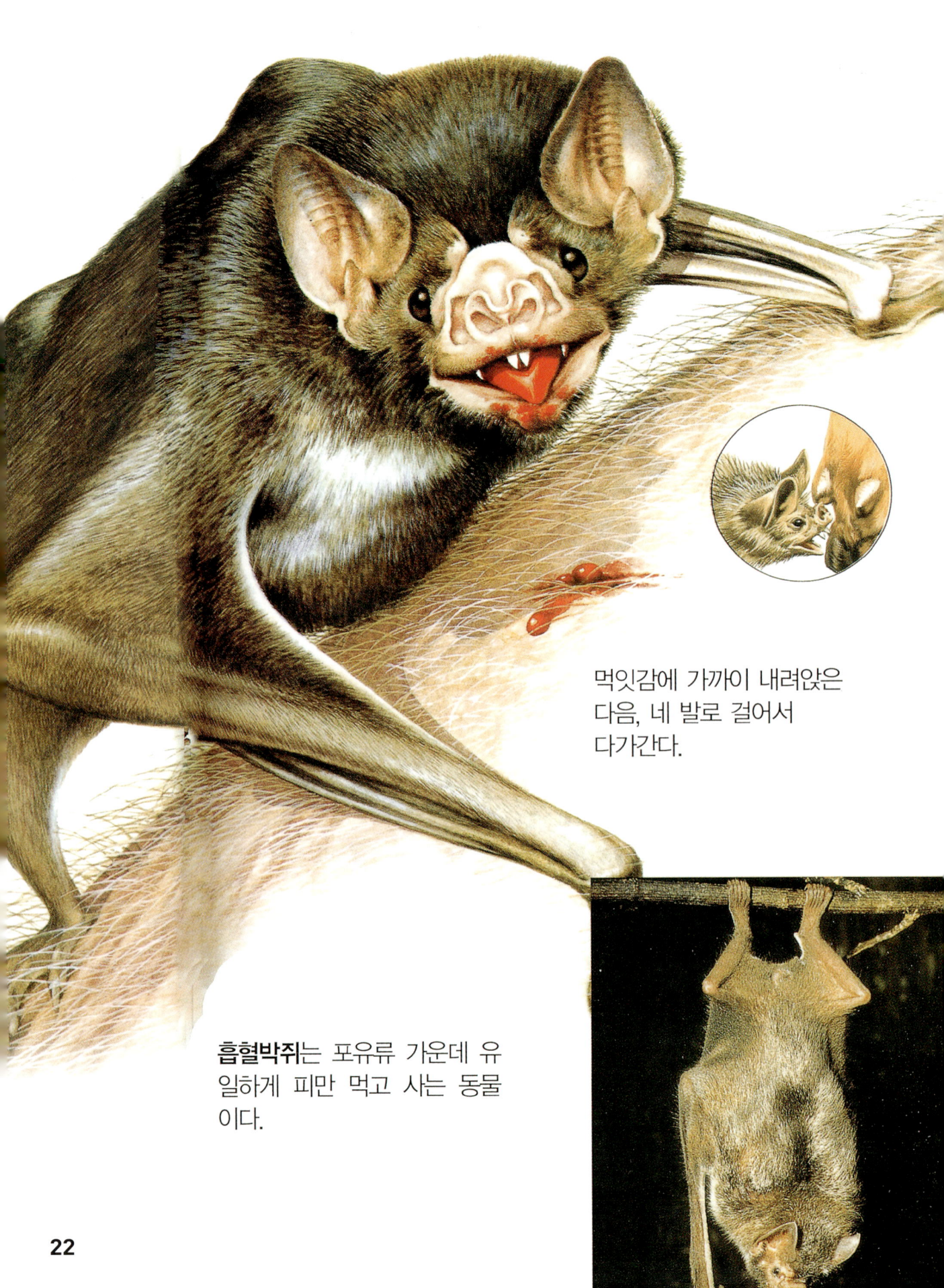

먹잇감에 가까이 내려앉은 다음, 네 발로 걸어서 다가간다.

흡혈박쥐는 포유류 가운데 유일하게 피만 먹고 사는 동물이다.

수달, 여우, 늑대

수달 [천연기념물 제330호] 몸길이 60~75cm, 우리나라에서 서식하며 털은 모피로 쓰이고 개천가의 나무 밑이나 땅에 구멍을 파고 산다.

• 수영을 잘하는 동물이다.

• 야행성에 물갈퀴가 있다.

• 청각, 후각이 예민하다.

족제비의 겨울털은 부드럽고 광택이 있는 황갈색이고, 여름털은 거칠며 암갈색이며, 털은 붓재료로 쓰인다.

족제비 몸길이 25~36cm, 쥐나 개구리 등 작은 동물을 잡아먹고 산다.

▣ 족제비의 비밀

• 족제비는 닭장을 습격하여 닭을 모조리 죽이기도 한다.

• 나무를 잘 올라간다.
• 붙들리면 고약한 냄새를 풍긴다.

여우 몸길이 60~90cm, 옛날에는 수효가 많았으나 지금은 남한에서는 거의 멸종되었고 북한에서는 적지 않게 살아 있다.

여우의 먹이

귀를 움직여 먹이의 소리를 들어 찾는다.

먹이를 발견하면 점프하여 앞발로 잡는다.

아픈 모습을 보여 마음을 놓게 한 뒤 잡는다.

늑대의 먹이

꿩 뱀 산토끼 쥐

늑대 몸길이 100~120cm, 개와 비슷하나, 늘 꼬리를 늘어뜨리고 있는 점이 다르며 성질이 사납다

얼룩말, 물소, 들소, 임팔라

얼룩말의 무리, 적을 방어하기 위해 한꺼번에 움직이고 번갈아 망을 본다.

얼룩말 어깨높이 1.5m, 가는 줄무늬가 많이 있는 아름다운 얼룩말로 무리를 지어 이동한다.

◼ **적을 어떻게 방어하나?**

- 많은 무리가 모여 있으므로 적들이 쉽게 공격을 못하며, 보호색으로 방어를 하는 이점이 있다.

- 돌진을 잘하고 두 발로 서서 차는 힘이 강하며 사자도 죽일수 있다.

임팔라 어깨높이 92cm, 아프리카 사나바에서 살고 적을 피해 달아날 때는 9m까지 뛸 수 있다. 초원에서 풀을 먹고 산다.

아프리카물소 어깨높이 1.6m, 큰 떼를 지어 생활하며 2000마리나 모이는 일도 있다. 풀이나 나무의 새싹등을 먹는다.

아프리카들소 몸무게 820kg, 무리를 지어 생활하며 지금은 국립공원이나 보호구역에서 그 모습을 볼 수 있다. 풀을 뜯어 먹고 산다.

겜스북 어깨높이 1.1m, 건조한 풀밭에서 살며 풀을 먹는다. 오랫동안 물을 먹지 않아도 산다.

하마, 멧돼지

하마 몸길이 3.7-4.6m, 강이나 연못 주변에 20~30마리 정도가 무리지어 살며, 과일이나 풀을 먹고 산다.

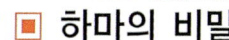 하마의 비밀

- 하마는 물 속에 있을 때 주위를 살피기 위해 눈, 코, 귀를 내놓고 있다.
- 등에 흐르는 빨간 액체는 건조한 피부를 방지하며 세균의 침투를 막는다.
- 하마는 한 번에 새끼를 한 마리씩 낳는다. 새끼는 물에서 어미 젖을 먹는다.

멧돼지 몸무게 50-200kg, 가축으로 기르는 돼지의 조상이다. 숲속의 땅바닥을 파서 식물, 곤충을 찾아 먹는다.

수염멧돼지 몸무게 150kg, 몸이 길고 머리 둘레가 작다. 열대우림에서 살며 떨어진 과일, 쥐, 애벌레를 먹고 산다.

흙탕물 목욕을 좋아함.

땅을 파서 먹이를 찾음.

혹멧돼지 몸무게 50-110kg, 아프리카 사바나의 나무가 없는 평원에서 살며, 짧은 풀을 뜯어 먹고 산다.

원숭이, 고릴라

오랑우탄 키 130-138cm, 나무 위에서 살며, 나뭇잎이나 과일을 먹고 나뭇잎을 접시처럼 사용한다.

원숭이의 이동

붉은울음원숭이 몸무게 4.5-6.5kg, 열대우림에서 살며, 수컷은 울음소리가 3km 밖에서도 들린다.

흰손긴팔원숭이 몸무게 5.5kg, 나무 위에서 살며 땅에는 거의 내려오지 않는다.

의사소통

고릴라 키 175cm, 원숭이 종류 중에서 가장 크고 힘이 세며, 팔이 길고 다리는 짧고, 열매나 나무 뿌리를 먹고 산다.

◾ 고릴라의 생활

- 화가나거나 흥분하면 손바닥으로 가슴을 쳐서 팍팍 소리를 낸다.

- 무리는 수컷 한 마리와 암컷 1~10 마리와 그 새끼들로 이룬다.

◾ 고릴라의 생활

좋아하는 표정   화내는 표정   무서워하는 표정

잎이 달린 작은 가지를 개미집에 찔러 넣어 개미를 낚는다.

나뭇잎을 비벼 짜서 즙이 나올 때까지 기다렸다 나오면 마신다.

적이 오면 막대기나 돌같은 것으로 휘두르며 맹렬히 싸운다.

침팬지 키 1.5m, 숲에서 무리지어 살며 과일이나 나무의 눈, 흰개미나 원숭이 새끼도 먹는다. 사람을 잘 따르고 머리가 좋아서 재롱을 부린다.

코끼리, 코뿔소, 낙타

코끼리 몸무게 5900kg, 코끼리는 인도코끼리와 아프리카 코끼리로 나뉜다. 매일 풀, 나뭇잎, 식물의 뿌리, 과일 등을 150kg씩 먹는다. 코끼리는 육지에서 사는 포유류 가운데 가장 크다.

- 오늘날의 아프리카 코끼리
- 약 3,800만 년 전에 살았던 모에니테리움
- 약 200만 년 전에 살았던 털이 덥수룩한 맘모스
- 1,200만 년 전에서 700만 년 전에 살았던 플라티벨로돈
- 2,600만 년 전에서 300만 년 전에 살았던 트릴로포돈

■ 코뿔소의 비밀

- 귀가 발달하여 자유롭게 움직일 수 있으며, 작은 소리도 들을 수 있다.
- 백로와 서로 이로운 관계를 갖고 있다. 몸에 붙은 벌레를 백로가 잡아준다.

코뿔소 어깨높이 1.8m, 피부가 단단하여 갑옷과 같다. 뿔은 한 개이고 암수 모두 다 있다.

🔲 낙타의 비밀

두 개의 발가락이 두꺼운 피부로 연결되어 있으므로 모래에 빠지지 않는다.

등의 혹 덕택에 1개월쯤 물을 먹지 않아도 견딜 수 있다.

속눈썹이 길고 코나 귀를 닫을 수 있으므로 모래로부터 눈, 코, 귀를 보호할 수 있다.

낙타는 사막 지방에서, 야크는 고산지대에서, 물소는 열대 지방에서 각각 이용되고 있는 가축이다. 자동차가 발달되어 있는 현재에도 운송기관으로서 중요한 역할을 한다.

쌍봉낙타 어깨높이 2m, 혹이 두 개 있다. 사막에서는 소중한 탈 것으로 이용되는데 사막의 배라고 한다.

단봉낙타 어깨높이 1.9m, 등어리에 혹이 한 개 있고 네 다리는 길고 털이 짧다.

야크 어깨높이 1.5m, 몸무게가 300kg이며 가파른 산등성이에서 안정된 자세로 풀을 뜯어 먹으며, 한 털 속에 또 털이 있어서 매서운 추위를 견딜 수 있다.

캥거루, 판다

왈라비 몸길이 85cm, 바닷가의 숲에 무리지어 살며, 풀을 먹고, 대단히 빠른 동물이다.

회색캥거루 몸길이 1-1.5m, 초원의 숲에 살며, 어두워지면 초원의 풀을 먹는다.

■ 캥거루 꼬리의 역할

- 뒷발과 꼬리를 이용해서 선다.
- 뛸 때 균형을 잡는다.
- 꼬리만으로 몸을 지탱할 수 있다.

🟥 판다의 먹이

조릿대　　죽순

대나무　　작은 새

뱀　　물고기

판다 몸무게가 100~150kg, 날마다 15시간은 먹어야 살아갈 수 있다. 하루에 20kg의 연한 죽순이나, 대나무를 먹는다. 원산지 : 아시아, 미얀마, 중국의 멸종위기 동물이다.

🟥 판다의 비밀

- 조릿대나 대나무를 양손에 잡고 잘 먹는다.

- 눈이 보기 보다 작다

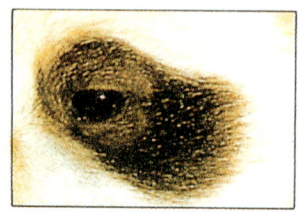

- 초식 동물이지만 이빨은 육식동물과 같다

- 판다는 나무를 잘 탄다.

- 야생 판다는 혼자 산다.

소, 말, 당나귀

저지종 어깨높이 120-145cm, 영국 저지섬이 원산지인 젖소이다.

홀스타인종 어깨높이 140-152cm, 네델란드 프리슬란트 지방이 원산지인 대표적 젖소, 젖의 양이 아주 많다.

🟥 소는 왜 우물우물하는가?

소는 늘 우물우물하고 있다. 그것은 한 번 위에 들어간 음식물을 다시 입으로 되돌려 되새김질하는 것이다.

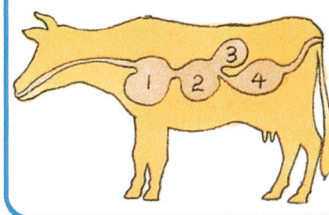

소의 위는 네 개로 나누어져 있다. 씹어 삼킨 풀은 제1위, 제2위를 지나 다시 한 번 입으로 되돌아와 잘 씹어진 다음 제3위를 지나 제4위에서 소화시킨다.

검정소 어깨높이 126-140cm, 고기를 얻기 위해 기른다.

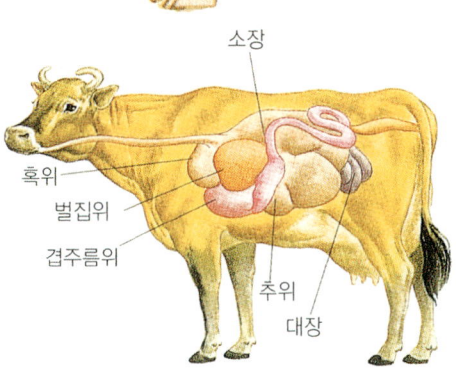

한국소 어깨높이 110-120cm, 암소 300kg, 황소 420kg 옛부터 우리나라에 있던 재래종으로 체질이 강건하다.

제주도조랑말 [천연기념물 제347호] 어깨높이 113cm, 조랑말의 대표적 품종, 온순하고 사람을 잘 따르며 마차를 끌고 밭을 간다.

당나귀 어깨높이 197cm, 몸집이 작고 귀가 토끼귀와 같이 쫑긋하고 성질이 온순하다.

당나귀와 노새

당나귀 어깨높이 97cm

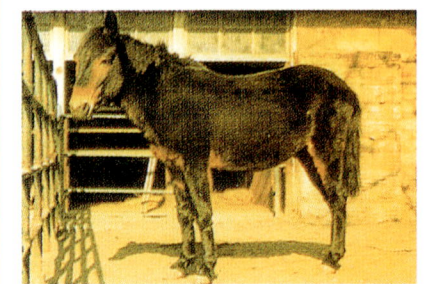

노새 어깨높이 155~165cm 노새의 어미는 말이고 아비는 당나귀이다.

말 어깨높이 150~170cm, 성질이 온순하고 몸이 크며 수레를 끌거나 승마용으로 많이 쓰인다.

돼지, 염소

렌드레이스종 몸무게 230-320kg, 주로 곡물류를 먹으며 전세계 곳곳에서 살며, 덴마크가 원산지, 자라는 속도가 빨라 전세계에서 가장 많이 기르는 돼지이다.

햄프셔종 몸무게 200-300kg, 몸에 지방이 거의 없기 때문에 이 돼지의 고기로 만든 베이컨은 비계가 적다.

요크셔종 몸무게 200-250kg, 주로 곡물류를 먹으며, 전세계 곳곳에서 살며, 영국 요크셔주가 원산지, 우리나라에서 많이 기르게 된 돼지이다.

앙고라 몸무게 45-90kg, 주로 풀을 먹으며, 전세계 곳곳에서 산다. 새하얀 털은 옷감을 만드는 원료로 쓰인다.

코미델리종 몸무게 45-95kg, 주로 풀을 먹으며, 전세계 곳곳에서 살며, 털과 고기를 얻는다. 털은 질이 좋아 양복을 만드는 원료로 쓰인다.

흑염소 몸무게 40-85kg, 주로 풀을 먹으며, 아시아에서 산다. 고기나 약용으로 키우며 번식력이 강하여 키우기 쉽다.

자넨종 몸무게 50-90kg, 주로 풀을 먹으며, 전세계 곳곳에서 산다. 스위스 자넨 지방이 원산지이며, 젖을 얻기 위하여 기른다.

■ 염소와 면양의 차이

- 면양-턱수염이 없다

- 염소-턱수염이 있다.

- 면양과 염소의 눈동자는 옆으로 길게 되어 있다.

개, 토끼

진돗개 [천연기념물 제53호] 몸무게 50-80kg, 잡식성이며 우리나라 진도에서 살며 감각이 지극히 예민하고 용맹스럽다.

세퍼드 몸크기 어깨높이 51-59cm, 잡식성이며 세계 전국가에서 기른다. 추위에 아주 강하며 사냥개로 많이 쓰인다.

삽살개 [천연기념물 제368호] 몸무게 35-40kg, 잡식성이며 우리나라 토종이다. 체질이 강하고 성격이 대담하여 경비견으로 많이 쓰인다.

■ 사람대신 쓰이는 개

경찰견
사람의 백만 배의 후각으로 마약 등 밀수를 발견하고, 범인을 잡기도 한다.

산악구조견
산에 올라가 눈사태 등으로 사고가 생겼을때 사람을 구출해 주는 일도 한다.

인도견
눈이나 귀가 부자유스런 사람이 길을 갈 때 안내하든지 집 안에서 도와준다.

수상구조견
뉴펀들랜드 개 등 수영을 잘하는 개는 물에 빠진 사람을 구조해 주기도 한다.

토끼 기르는 법 토끼집은 여름에는 그늘진 시원한 곳에 두고, 겨울에는 따뜻한 곳에 두며, 개나 고양이가 오지 않게 한다.

토끼를 바르게 쥐는 법

토끼 귀가 길고 눈알이 붉으며 수염이 긴 온순한 동물, 집 토끼와 산 토끼 두종류로 나누며, 주로 풀을 먹고 살며 당근, 고구마, 빵도 먹는다.

■ 토끼는 왜 귀가 클까?

귀가 크므로 먼 곳의 희미한 소리도 잘 듣는다. 적이 있는 위치를 빨리 알아서 도망가는 데 유용하다.

남극의 바다표범, 물개

지구상에서 가장 춥고 바람이 시속 320km가 넘게 불기도 하고 기온이 영하 89℃아래로 떨어지기 때문에 몇몇 동물 외에는 살기 어려운 곳이다. 그러나 바다에는 먹이가 풍부해서 바다표범이 살아가기에 좋은 환경이다.

코끼리바다표범 몸길이 5.5m이며, 암컷은 한마리의 새끼를 낳는다. 바다표범중 가장 크다.

코끼리바다표범 다른 수컷과 영역 다툼으로 치열하게 싸움을 하고 있다.

바다표범 항구 근처에 흔히 나타나고 심지어는 얕은 강가에서도 볼 수 있기 때문에 항구바다표범 이라고도 한다.

바다사자 크기 2.4-2.8m, 몸무게 1000kg이며 주로 물고기, 오징어, 문어, 작은 바다표범까지도 잡아 먹는다.

물개 크기 1.4-1.8m, 몸무게 160kg이며 주로 물고기, 오징어, 기타 작은 물고기를 먹고 산다. 암컷은 한 마리의 새끼를 낳아 젖을 먹여 키운다.

강치 크기 2.4m, 물고기, 오징어, 문어를 먹고 살며, 강치는 걸을 때 배를 들고 걷는다.

캘리포니아바다사자

바다코끼리 크기 3.8m, 북극에서 조개를 먹고 산다. 송곳니가 길어 코끼리와 비슷하며 큰 무리를 이루며 산다.

고래, 돌고래, 곱등어

고래는 바다에서 사는 포유류 가운데 가장크며, 크게 이빨고래와 수염고래로 나눈다. 고래는 지느러미로 방향을 잡고 꼬리를 위아래로 놀리면서 헤엄치며, 이빨고래는 초음파를 보내 상대방의 위치를 알아낸다.

흰수염고래 크기 20-30m, 몸무게는 150t이며, 전체 포유류 가운데 가장 크다. 여름에는 크릴새우를 하루에 4t정도 먹는다.

참돌고래 크기 2.1-2.6m, 몸무게 75-85kg 물고기와 오징어를 먹고 살며 호기심이 많고 장난을 잘 친다.

돌곱등어 크기 1.8-2.3m, 몸무게는 130-160kg, 깊은 바다에서 살며 겨울에는 남쪽에서 여름에는 북쪽에서 산다.

향유고래 크기 18m, 바닷속 2200m까지 잠수를 하며, 먹이로 오징어를 특히 좋아한다.

머리고래 크기 15-19m, 몸무게 65t 다른 고래와 연락하거나 짝을 찾기 위해 복잡한 노래를 부르며 몇 시간씩 노래를 부르기도 한다.

밍크고래 크기 8-10m, 몸무게 10t. 물이 차가운 북극지방에서는 프랑크톤, 남극지방에서는 물고기와 오징어를 먹고 산다.

혹등고래 크기 16m, 몸무게 26t. 물고기와 오징어를 주로 먹고 산다.

고래의 이빨

병코돌고래 크기 3-4.2m, 몸무게 150-200kg 강바닥의 물고기를 먹고 살며 동물원에서 재주를 부리도록 훈련을 시키기도 한다.

■ 고래의 비밀

대부분 물 속에서 지내지만, 가끔 물 위로 떠올라 호흡한다. 그 때 폐 속에 있던 따뜻한 공기가 머리 위에 있는 콧구멍으로 나오며 찬 공기와 만나 하얀 분수처럼 보이는 것이다.

물고기와 달라서 공기를 빨아들인다.

공기를 잘 빨아들이도록 꼬리지느러미를 위아래로 움직여서 헤엄친다.

바닷속에서 새끼를 낳는다. 새끼 고래는 젖을 먹고 크게 자란다.

파충류 - 악어, 거북

최초의 파충류는 약 3억년전 양서류에서 진화하였으며, 바다에 사는 거북, 육식성 악어, 독이 있는 뱀, 발 빠른 도마뱀 등의 파충류가 있다.

악어 크기 최대 9m, 사람을 공격하는 위험한 동물로, 대부분의 시간을 물속에서 지내며 물고기를 먹고 물소, 원숭이, 얼룩말도 잡아 먹는다.

악어 크기 최대 7m, 100여 개의 작은 이빨이 박힌 가비알의 긴 턱은 물고기와 개구리를 잡아 먹기에 알맞다.

악어들의 머리 종류

파충류는 찬피(냉혈)동물이기 때문에 스스로 체온을 조절할 수 없다. 그래서 대부분 따뜻한 지역에서 살며, 체온을 유지하기 위해 햇빛을 쬔다. 한낮에는 몸이 너무 뜨거워지지 않도록 그늘로 피한다. 또 몸이 딱딱하고 물이 스며들지 않는 비늘로 덮여 있다.

동물을 먹고 있는 악어

나일악어라고 해서 모두 나일 강에서 사는 것은 아니며 열대 지역이나 아프리카 남부의 강과 호수 어디에서나 찾아볼 수 있다.

늪노랑배거북 크기 13-30cm, 물 밖으로 좀처럼 나오지 않으며, 통나무 위에서 가끔 햇볕을 쬔다. 새끼는 곤충과 올챙이를, 어미는 풀을 먹고 산다.

대모거북 크기 76-91cm, 등딱지가 아름다워 사람들에게 사냥을 당해왔다. 지금은 엄격한 통제를 받는다. 다른 거북과 달리 연체동물이며 갑각류나 해면동물도 먹는다.

갈라파고스 황소거북 크기 약 1.2m, 무게는 215kg에 달하며, 육지에서 살며 식물은 거의 무엇이든지 다 먹는다.

산거북 크기 12.5-25cm, 물이 가까운 육지에서 살며, 나무타기를 잘하며 과일과 벌레, 곤충을 먹고 산다.

바다거북 크기 1-1.25m, 바다속에서 지내며 해초를 먹고 산다. 전에 태어난 해변에 알을 낳기 위해 먼거리를 이동한다.

도마뱀, 뱀

카멜레온 몸길이 30cm, 나무 위에 살며, 긴 혀를 재빠르게 뻗어 벌레를 잡아먹는다. 주위의 환경에 따라 몸 빛깔이 자유로이 변한다.

목도리도마뱀 몸길이 75~90cm, 목에 큰 목도리 장식이 있으며, 벌레나 거미 등을 잡아 먹는다.

도마뱀(투구수룡) 몸길이 40~70cm, 도마뱀은 꼬리가 잘리면 다시 자라난다. 이 도마뱀은 물이 가까운 나무 위에서 주로 살며, 위험에 처하면 땅에서는 두 다리로 달린다.

월재코 몸길이 20cm, 발바닥에 끈끈한 발바닥 살이 있기 때문에 유리창을 쉽게 기어 오르내릴 수 있고 천장에 붙어다닐 수 있다.

먹이를 조르는 뱀

인도비단뱀 몸길이 3.5-6m, 무늬가 아름다우며 암컷은 알을 몸으로 감아서 지킨다.

인도코브라 몸길이 1.2-1.5m, 적이 나타나면 몸의 1/3정도를 땅 위에 세워 공격하며 독이 있고, 길들이면 곡예도 한다.

아나콘다 몸길이 4-9m, 세계에서 제일 큰 뱀이다. 독이 없으며 아마존 강에 산다.

방울뱀 몸길이 45-80cm, 꼬리를 흔들어 소리를 내어 적을 물리친다.

49

양서류 - 개구리, 두꺼비

양서류란? 최초로 땅에서 살기 시작한 척추동물이다. 주위 온도에 따라 몸의 온도가 변한다. 스스로 체온을 조절할 수 없기 때문에 햇볕을 쬐어 열을 얻는다. 살갗은 수분이 날아가는 것을 막지 못해 늘 살갗을 촉촉하게 해 주어야 한다.

개구리 크기 5-12cm, 물기가 있는 곳이면 어디든 살 수 있고, 보이는 것은 거의 모두 먹이가 된다.

사탕수수두꺼비 크기 20-23cm, 사탕수수 농장에서 풍뎅이를 먹고 산다.

왕두꺼비 크기 10-24cm, 세계에서 가장 큰 두꺼비의 하나로 작물에 해를 끼치는 벌레를 잡아 먹는 이로운 동물이다.

먹이를 잡을 때 눈

알에서 개구리까지

천남성개구리 크기 최대 6cm, 발가락에 크고 끈끈한 빨판이 있어 기어 오르기를 잘 한다. 햇빛에서는 연한 갈색이나 칼라 개구리라 한다.

독화살개구리 크기가 5cm이며, 독성이 다른 개구리보다 20배나 강하다. 만지기만 해도 사람이 죽을 수 있다. 독을 화살촉에 묻혀 사냥을 했다.

- 암컷 개구리는 나뭇잎에 알을 낳는다
- 알에서 깨어난 올챙이가 어미 등에 오른다
- 암컷은 올챙이를 물 있는 곳으로 옮긴다

51

다양한 동물들 - 코알라, 비버

코알라 몸길이 60-85cm, 거의 나무에서 지내며, 하루 18시간이나 잠을 자고, 유카리나무의 잎을 먹는다.

웜바트 몸길이 70-120cm, 나무가 빽빽한 숲이나 잡목으로 덮힌 땅에서 풀을 먹고 살며, 물이 없어도 잘 견딘다.

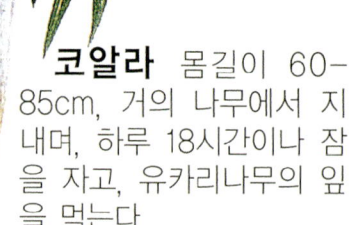

바위너구리 몸길이 60cm, 모피에 싸여 있으며, 고산에 산다. 코끼리와도 친척간이다.

스컹크 몸길이 28-38cm, 위험에 빠지면 지독한 방귀를 뀌는 것으로 잘 알려져 있다.

달팽이 몸길이 3cm, 껍질로 싸여 있는 이유는 육식동물로 부터 보호하고 습기가 몸에서 마르지 않게 하기 위해서이다.

딩고 몸길이 1.2m, 딩고는 토끼, 새, 파충류는 물론 캥거루, 양도 잡아먹는다.

도롱뇽, 영원

영원과 도롱뇽은 10개과에 350종이 있다. 사이렌, 동굴영원 같은 양서류들은 쓸모 없는 다리를 가지고 있다. 모두 물에서 산다. 도롱뇽 중에는 허파가 없는 것들이 많으며, 축축한 살갗으로 숨을 쉬어 산소를 얻는다.

붉은도롱뇽 크기 9.5-18cm, 땅에서 시간을 보내지만 주로 물가에 머문다. 지렁이나 곤충을 잡아 먹는다.

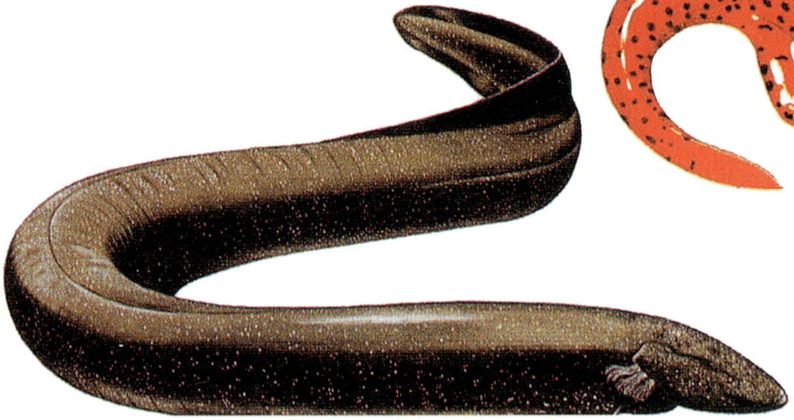

사이렌 크기 50-96cm, 몸이 뱀장어 같고, 뒷다리는 없으며 헤엄을 친다. 밤에 달팽이, 물고기를 잡아 먹는다.

점박이 도롱뇽 크기 15-24cm, 축축한 흙 속에 구멍을 파고 지낸다. 봄에는 연못에서 번식을 한다.

범무늬도롱뇽 크기 15-40cm, 땅에서 사는 도롱뇽 중 가장 크다. 물가에서 살며, 지렁이, 곤충, 생쥐를 잡아 먹는다.

조류편(鳥類篇)

- **엽조류**
  땅에서 사는 새, 타조, 에뮤
- **섭금류**
  물 근처에 사는 새, 물새, 도요새

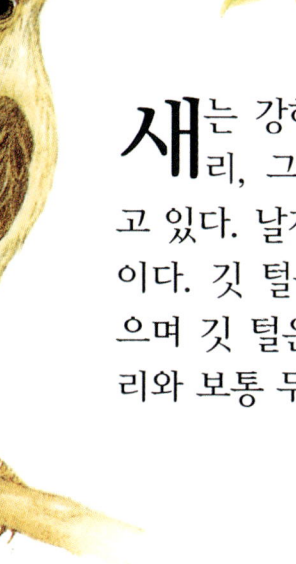

새는 강하면서도 가벼운 몸과 두다리, 그리고 한 쌍의 날개를 가지고 있다. 날개는 앞다리가 변해서 된 것이다. 깃 털을 가진 동물은 새 밖에 없으며 깃 털은 각질로 이루어져 있다. 다리와 보통 두쌍의 날개가 있다.

- **맹금류**
  동물을 잡아 먹는 새, 수리, 올빼미
- **명금류**
  울음소리를 내는 새, 굴뚝새, 꾀꼬리
- **풍조류**
  아름다운 깃털을 가진 새, 극락조, 꼬리깃

새부리의 종류

꿩

꿩 몸길이 수컷 80-90cm, 암컷 55-65cm. 수컷은 털이 화려하고 꼬리가 길며 암컷은 눈에 잘 띄지 않는 갈색이다. 꿩의 원산지는 아시아이지만 현재는 여러 나라에 퍼져 있다. 야생꿩은 씨앗, 새순, 딸기류의 열매를 먹고 산다.

우리나라의 흔한 텃새(장끼)

■ **꿩의 먹이**

콩 · 어린 새싹 · 나무열매 · 벌레 · 곤충

일본산꿩 몸길이 수컷 125cm, 암컷 50cm. 숲에서 산다. 꿩보다 꼬리가 길다.

들꿩 몸길이 36cm, 우거진 삼림에서 무리지어 생활하고 나무순이나 열매를 먹는다.

■ 꿩의 특징
- 잘 걷는다.
- 멀리 날지 못한다.

초원들꿩 몸길이 42-46cm, 나뭇잎, 열매, 곡식을 주로 먹으며, 여름에는 메뚜기를 즐겨먹는다. 번식기가 되면 수컷은 목의 주황색 주머니를 크게 부풀린다.

들닭 몸길이 수컷 63-75cm, 암컷 40-45cm, 집에서 기르는 닭의 조상. 수컷은 몸의 모습이 화려하다.

덤불해오라기 크기 35cm, 저수지나 갈대밭에서 살며, 작은 물고기, 개구리, 새우, 물벌레를 먹고 산다.

쇠물닭 크기 33cm, 민물이면 거의 어디에서나 살며, 잡초, 물고기, 과일을 먹고 산다.

해오라기 크기 57cm, 물가에서 물고기나 가재를 잡아먹는다.

해오라기

쇠백로

쇠물닭

왜가리

알락도요

두루미, 백조

두루미 [천연기념물 202호] 갈대밭 무성한 습지에서 살며 미꾸라지, 곤충 등을 먹고 산다. 지렁이, 개구리 등을 먹는다.

수컷 암컷

원앙 [천연기념물 제327호] 몸길이 45cm, 숲속의 물가에서 산다.

흑두루미 [천연기념물 제228호] 몸길이 97cm, 논, 밭, 초원 등에서 30~50마리가 무리를 이루어 생활한다.

재두루미 [천연기념물 제203호] 몸길이 127cm, 10월 쯤에 논이나 연못에 큰 떼를 지어 날아와 곤충, 풀뿌리 등을 먹는다.

■ 두루미의 비밀

한 쌍의 두루미는 1-7㎢의 번식 세력권을 만들고 갈대로 큰 둥지를 만든다.

두루미는 다른 종류의 조류와 달리 두 개의 알을 낳는다.

하루에 2-4회 암수가 교대하며 32-33일간 알을 품어 부화시킨다.

백조(고니) 몸길이 145cm, 겨울에만 우리 나라에 찾아오는 철새로 물풀, 물풀속 곤충 따위를 먹고 산다.

■ **겨울철새의 먹이**
물고기 / 볍씨 / 새우 / 미꾸라지 / 풀뿌리

수컷 / 암컷

쇠기러기 몸길이 72cm, 겨울에 날아오는 철새로 가슴과 배 쪽에 검은 색의 무늬가 불규칙하게 있다.

쇠오리 몸길이 38cm, 오리 중 가장 작은 겨울철새로 호수나 강가에 무리를 지어 산다.

비오리 몸길이 52cm, 작은 물고기, 올챙이, 민물 갑각류를 먹고 산다.

청둥오리 몸길이 57cm, 집오리의 조상이다. 나무열매나 곤충 물고기를 먹는다.

갈매기, 가마우지, 도요새

가마우지 몸길이 85cm, 깃이 검으며 윤이 나고 한 곳에 산다. 물고기를 잘 잡는 큰 바다 물새. (민물 가마우지도 있다)

갈매기 몸길이 40cm, 해안, 항구등에 항상 떼지어 다니며 새우, 조개, 곤충 등을 먹는다.

흰눈썹바다오리 몸길이 37cm, 해안에서 멀지 않은 해상에서 생활한다.

흰뺨오리 몸길이 45cm, 바닷가에서 적은 떼를 지어 생활하며 조개, 곤충, 작은 물고기를 먹는다.

흰수염바다오리

에토피리카

흰눈썹바다오리

바다오리

가마우지

신천옹 날개길이 3m, 몸길이 90cm, 비스듬한 나무 위에 올라가 날아가며, 바닷속의 물고기를 잡아먹는다.

애기바다제비 크기 14~18cm, 대부분의 시간을 바다에서 보내며, 물고기와 오징어를 잡아먹는다.

도요새 크기 40-42cm, 긴부리가 아래로 구부러져 있으며 갯벌에서 게나 물고기를 잡아먹는다.

검은머리흰죽지 몸길이 45cm, 해안에서 생활하며 작은 물고기를 먹는다.

펭귄

펭귄만큼 바다에서 살기에 알맞은 새도 없을 것이다. 육지에서는 똑바로 서서 뒤뚱뒤뚱 걸으며, 날지는 못한다. 빽빽하게 자란 윤기나는 깃털은 방수 작용을 해서 몸이 젖지 않고 따뜻하며 작은 펭귄은 40cm에서 큰 펭귄은 1.15m이다.

잠수부 사냥꾼 먹이를 잡기 위해 때때로 45m이상 잠수한다.

새끼 기르기 겨울에 육지에 올라와 알을 낳는다. 그러면 수컷이 약 64일 동안 품으며 새끼가 부화되면 발 위에 올려 놓고 따뜻하게 해준다.

몸썰매타기 얼음 위에서는 배를 깔고 미끄럼을 타면서 돌아다닌다. 일단 물속에 들어가면 대부분의 펭귄은 시속 5-10km로 헤엄친다.

◾ **펭귄의 먹이**
임금펭귄이나 황제펭귄처럼 몸집이 큰 펭귄들은 주로 오징어와 물고기를 먹는다. 젠투펭귄과 수염펭귄 같은 작은 펭귄들은 크릴새우를 먹는다.

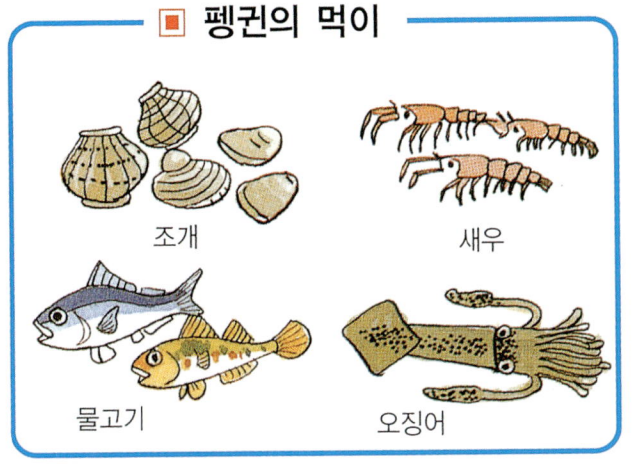

◾ 펭귄의 먹이
- 조개
- 새우
- 물고기
- 오징어

◾ 펭귄의 비밀
- 잘 걷지 못한다.
- 육지에 올라갈 때에는 점프한다.
- 눈 위를 잘 미끄러져 간다.

독수리, 매

검독수리 몸길이 81cm, 먹이를 발견하여 습격할 때는 날개를 반쯤 접고 전속력으로 미끄러지듯이 날아 낚아챈다.

독수리의 먹이
- 꿩
- 토끼
- 뱀

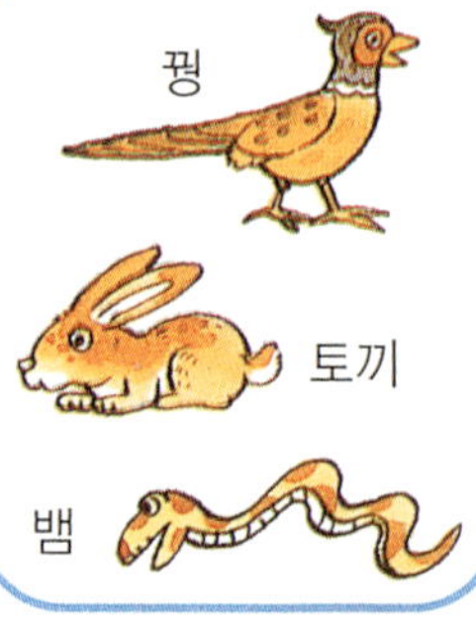

검독수리는 유럽, 북아메리카, 아시아에 살고 있지만, 어느 곳이나 그 수가 줄어들고 있다. 수리류는 모두 천연 기념물 243호로 지정되어 있다.

■ 여러 가지 사냥법

눈이 대단히 좋아서 멀리서도 사냥감을 발견할 수 있다.

예리한 발톱으로 사냥감을 꼭 잡는다.

끝이 구부러진 부리는 먹이를 찢는데 이용된다.

털발말똥가리 몸길이 50-60cm, 박쥐나, 나그네 쥐를 잡아 먹고 나무 위나 벼랑의 바위에 둥지를 짓는다.

물고기를 잡는 흰머리 독수리

참매 [천연기념물 제323호] 몸길이 48-61cm, 숲속에 살며 나무위에 둥지를 틀고, 5-6월에 2-4개의 옅은 청색 알을 낳는다.

왕새매 몸길이 47cm, 낮은 산에서 홀로 또는 암수가 함께 생활하며 이동할 때는 큰 무리를 이룬다.

황조롱이 [천연기념물 제323호] 몸길이 33cm, 날개를 움직여 공중에 정지하면서 사냥감을 찾는다. 새, 쥐 등을 발견하면 수직으로 덮쳐 발톱으로 붙잡는다.

흰머리수리가 배고픈 새끼들에게 먹이를 주고 있다.

원숭이를
사냥하는
모습

올빼미, 부엉이, 소쩍새

맹금류는 모두 동물을 잡아먹고 산다. 공중에서 먹이를 찾아내어 날카로운 발톱으로 낚아채서는 갈고리 모양의 부리로 갈가리 찢어 먹는다. 수리, 매, 말똥가리 등이 모두 맹금류에 속한다.

영리한 늙은 올빼미

올빼미 몸길이 38cm, 밤에 활동하며 낮에는 나무에 있다.

흰올빼미 몸길이 52-65cm, 생쥐, 산토끼를 먹고 살며 암컷이 수컷보다 크다.

■ 올빼미의 먹이

쥐, 작은 새, 벌레, 두더지, 뱀

- 전국에 있는 올빼미, 부엉이류(올빼미, 수리부엉이, 솔부엉이, 칡부엉이, 쇠부엉이, 소쩍새, 큰소쩍새)는 천연기념물 324호로 지정되어 있다.

칡부엉이 몸길이 35cm, 들쥐를 즐겨먹는다.

소쩍새 몸길이 19cm, 소쩍소쩍하고 울면 흉년이 들고 소쩍다소쩍다하고 울면 풍년이 든다고 하는 전설이 있다.

솔부엉이 [천연기념물 제324-3호] 몸길이 25cm, 소나무 숲에서 많이 살며 후후, 후후하고 소리를 내고 밤마다 운다.

수리부엉이 몸길이 67cm, 올빼미과에 속하는 가장 큰 종이며, 우리나라에서는 드문 텃새, 암벽이나 바위산에 살며 야행성이다.

참새, 제비, 까치, 까마귀

참새 몸길이 15cm, 도시나 농촌에서 살며 곡물이나 벌레 곤충을 먹고 산다.

섬참새 몸길이 14cm, 산과 들에 떼지어 살며 벌레, 곡식, 물고기를 먹고 산다.

■ 재미있는 동작

깃털 사이에 모래를 뿌려 넣어 벌레를 쫓아낸다.

물 웅덩이에서 물놀이를 한다.

물놀이나 모래놀이 후 깃털은 깨끗하게 손질한다.

제비 몸길이 17cm, 봄에 강남에서 찾아와 처마 밑에 집을 짓고 가을에 다시 날아간다.

귀제비 몸길이 19cm, 제비보다 날개와 꽁지가 조금 길며 집단으로 둥지를 짓는다.

흰털발제비 몸길이 15cm, 우리나라에서는 매우 드문 여름철 철새로 잠자리, 파리 등을 잡아 먹는다.

🟥 까마귀과의 새

커다란 몸집, 대담한 행동, 그리고 시끄러운 깍깍울음 소리로 잘 알려진 새들이다. 116종류가 있으며, 물까치, 큰까마귀, 떼 까마귀 등이 여기에 속한다. 씨앗, 열매, 곤충, 작은 포유류, 죽은 동물 그리고 새의 알 등 다양한 종류의 먹이를 먹는다.

물까치 몸길이 40cm, 눈이 부시도록 화려한 색깔의 유럽 물까치는 삼림지대에 산다. 주로 과실 딸기, 도토리를 먹고 산다.

어치 몸길이 33cm, 성대가 훌륭해서 구급차 소리까지 흉내낼 수 있다.

까마귀 몸길이 50cm, 인가 근처에서 생활하며 농작물에도 피해를 준다.

까치 몸길이 45cm, 도시정원과 농촌 등 주로 평지에서 산다.

🟥 까마귀의 먹이

- 죽은 물고기
- 벌레
- 새알
- 풀의 열매
- 개구리
- 감

물총새, 흰물떼새, 호반새

노랑할미새 몸길이 20cm
인가 근처에 살며 해충을 잡아먹는 이로운 새이다.

호반새 몸길이 27.5cm
우리 나라에는 여름에 오는 철새로 비르르비르르 소리를 내며 운다.

물까마귀 몸길이 22cm
물 속에 잠수하여 벌레를 잡아먹는다.

물총새 몸길이 17cm
털 빛깔이 대단히 아름답다.

물고기를 잡은 물총새의 모습

흰목물떼새 몸길이 20.5cm
하천의 모래밭에 둥지를 만든다.

■ 물떼새의 비밀

어버이새는 적이 가까이 오면 아픈 척하며 새끼를 지킨다.

물떼새의 알은 작은 조약돌과 비슷하다.

뿔호반새 계곡이나 냇가의 나뭇가지에 앉았다가 물속의 고기를 잽싸게 채서 먹는다.

검은등할미새
몸길이 21㎝
강이나 호숫가에서
암수가 함께 생활한다.

깝짝도요
몸길이 20㎝
곤충을 즐겨
먹는다.

꼬마물떼새 몸길이 16㎝
바닷가나 호수에서 살며
여름철에는 암수가 함께
살며 그 밖의 시기에는
작은 떼를 지어 산다.

흰물떼새
몸길이 17.5㎝
해안의 모래밭에서
생활한다.

강어귀의 청소업자는 솔개와 까마
귀이다. 죽은 물고기 등을 먹어서
강어귀를 깨끗하게 해준다.

백할미새 몸길이 21㎝
암수가 함께 생활하며
풀밭이나 길가에서
곤충, 지렁이, 풀씨
등을 먹는다.

모래닭

황새, 따오기, 벌새, 느시

따오기 [천연기념물 제198호] 몸길이 76cm, 산간의 논이나 연못에 홀로 또는 10여 마리씩 떼를 지어 산다.

황새 [천연기념물 제199호] 몸길이 112cm, 쉴 때는 보통 한쪽 다리로 서며, 목을 움추린다.

느시 [천연기념물 제206호] 몸길이 수컷 1m, 암컷 75cm, 나는 새들 가운데 몸무게가 가장 많이 나간다.(18kg) 들칠면조라고도 한다.

느시사촌

슴새 몸길이 48cm, 슴새 떼가 있는 바다에는 물고기가 많이 있는 장소다.

도마요 몸길이 59cm, 바닷가에서 살며, 조개, 새우, 물고기를 즐겨 먹으며 삐요, 삐요하고 운다.

장식비단죽지새 몸크기 30cm, 고리깃 61cm, 케찰이라고도 하며, 수컷은 긴 꼬리를 가지고 있다. 번식기에 빠졌다가 다시 자라난다.

관비둘기 몸길이 58-75cm, 세계에서 가장 큰 비둘기이다. 사람들이 너무 잡아 지금은 희귀한 새가 됐다.

벌잡이새사촌 몸길이 38-41cm, 라켓모양의 깃털 두개가 비쭉나와 있는 꼬리가 특이하다.

낫부리벌새 몸길이 15cm, 구부러진 부리로 속이 깊은 꽃에서 꿀을 빨아 먹기에 안성 맞춤이다.

타조, 공작, 레아

인도공작 몸길이 198cm, 수놈은 털이 화려하며 꽁지깃은 길고 녹색이며 눈알 모양의 무늬가 있다.

칠면조 몸길이 91-122cm, 짧은 거리는 잘 날 수 있지만 주로 땅에서 먹이를 찾는다. 씨앗, 딸기류, 곤충, 도마뱀 등을 먹는다.

레아 키 1.5m, 아메리카의 타조라 하며, 날지는 못하나 빠르게 달린다.

🔲 타조의 비밀

날 수 없다.　　발로 적과 싸운다.

얼룩말보다 빨리 달릴 수 있다.

발가락은 두 개이다.

큰길달리기새 몸크기 50-60cm, 시속 20km로 달릴 수 있으며 거의 날지 않는다.

붉은숫긴꼬리태양새
몸크기
수컷 25.5-30.5cm,
암컷 14-15cm,
높은 산의 꿀이나 곤충을 먹는데 파리류를 즐겨 먹는다.

타조 몸길이 2.5-3m, 세계에서 제일 큰 새이다. 아프리카의 건조한 초원에서 살며 새알중 타조알이 가장 크다.

유럽큰멧닭 몸크기 수컷 85cm, 암컷 58cm, 들꿩 가운데 가장 크며 겨울에는 솔잎과 솔씨를 먹고 여름에는 나뭇잎, 식물의 줄기를 먹는다.

풍조류-극락조

풍조류란 모든 새 중에서 가장 화려하고 아름다운 깃털을 가지고 있다. 주로 과일과 곤충, 거미, 때로는 개구리나 도마뱀도 먹는다. 수컷은 화려하나 암컷은 수수한 갈색이다.

꼬리깃 붉은비옷풍조는 꼬리깃을 코일처럼 알맞게 구부려 과시 행동을 한다.

자색팔색조

큰풍조(극락조) 우림의 나무가지에 앉아 있는 모습은 현란하고 장엄하다.

푸른풍조 수컷은 암컷의 관심을 끌기 위해 나뭇가지에 거꾸로 매달린다.

흰긴꼬리풍조 수컷 흰긴꼬리풍조는 꼬리깃털이 1m나 되는 리본처럼 생긴 꼬리깃이 있다.

부채머리딱새 몸길이 16.5cm, 머리 위에 관 모양의 깃털이 있다.

색손왕풍조 수컷은 머리에 50cm 쯤 되는 밧줄 모양의 깃털 두 가닥이 뻗어 나와 있다.

거문고새 몸길이 수컷 93cm, 암컷 83cm, 꼬리는 수컷에게만 있고, 밤에는 나무 위에 올라가 잠을 잔다.

보라빛사브르죽지벌새의 수컷은 빠른 속도로 날개를 치며 날면서 생각꽃의 꿀을 빨아 먹는다.

꾀꼬리, 종다리, 팔색조

꾀꼬리 몸길이 25cm, 사람들의 접근을 두려워 하여 항상 나무의 높은 곳에 숨어 있다.

▣ 꾀꼬리의 울음소리

꾀꼬리는 울음소리가 우가아우가아 하고 고양이 울음소리와 비슷한 소리를 낸다.

방울새 몸길이 15cm, 둥지에 침입자가 오면 수컷은 달콤하고도 슬픈 노래를 부른다. 매나 고양이가 다가오면 틱틱틱하고 날카로운 소리를 낸다.

팔색조 [천연기념물 제204호] 몸길이 17-19cm, 땅 위를 걸어다니면서 먹이를 찾고, 지렁이를 즐겨 먹는다.

찌르레기 몸길이 21cm, 사람이 사는 주위에서 살며, 해충을 잡아 먹는 유익한 새로 특히 흰불나방의 천적이다.

종다리 몸길이 17cm, 우리나라 전역에 번식하는 텃새다. 들이나 산에서 살며, 풀씨, 벌레, 거미를 먹는다.

노란가슴긴발톱밭종다리 몸길이 20cm, 농경지에서 종종 볼 수 있으며 풀밭에서 곤충을 잡아 먹는다.

후투티 몸길이 28cm, 머리 털을 자유롭게 움직이며 울 때 뽀뽀뽀뽀뽀뽀하며 운다.

파랑새 몸길이 28cm, 우리나라에서 드물게 번식하는 여름 철새다 날 때는 날개의 흰색무늬가 매우 선명하다.

물레새 몸길이 17cm, 높은 나무에 집을 짓고 살며, 울 때는 꽁지를 좌우로 흔드는데 울음소리가 물레질하는 소리와 비슷하다.

해변종다리 몸길이 16cm, 수컷만 머리에 깃이 있으며 자갈밭에 둥지를 짓고 알을 낳는다.

쑥새, 개똥지빠귀, 되새

쑥새 몸길이 15cm, 밝은 숲이나 들에 떼지어 온다. 울때 머리 깃털이 선다.

개똥지빠귀 몸길이 24cm, 낮은 산이나 풀밭 등에 살며 곤충이나 종자를 먹는다. 이 새는 아주 크고 활기차게 노래를 한다.

긴꼬리홍양진이 몸길이 15cm, 수풀 속에서 나무의 열매나 종자 등을 먹는다.

유리지빠귀 몸길이 16.5-19cm, 파랑지빠귀라고도 하며, 주로 곤충과 딸기류의 열매를 먹고 산다. 수컷은 짝을 찾기 위해 곡예비행을 펼친다.

■ 새는 왜 이동을 하는가?

추운 겨울엔 먹이를 구하기 어려우므로 따뜻한 남쪽 나라로 건너가는 것이다.

개똥지빠귀의 곤충을 잡은 모습

노랑턱멧새 몸길이 15.5cm, 들이나 낮은 산에 산다. 우리나라에서 번식하는 텃새.

되새 몸길이 15cm, 산이나 논밭에서 무리지어 살며, 풀씨나 벌레를 먹는다. 겨울을 나고 봄에 러시아로 떠난다.

되새가 무리지어 있는 모습

황금새 몸길이 13cm, 숲이나 공원에 살며, 곤충을 먹으며 살지만 여름 철새이다. 아주 고운 목소리로 소리를 낸다.

황여새 몸길이 19cm, 무리를 지어 생활하며 떠도는 새이다. 꼬리 깃털이 노란 빛깔을 띤다. 꼬리 끝이 붉은점이 있는 새는 홍여새이며 겨울철새다.

홍여새 황여새 같은 종류나 이름은 꼬리 색깔에따라 다르게 부른다.

■ **황여새와 겨우살이**

• 황여새는 겨우살이의 열매를 아주 좋아 한다.

• 이동할 때 겨우살이 씨가 다른 나무로 퍼져간다.

• 나무에 붙은 씨에서 눈이 나온다.

뻐꾸기, 딱다구리, 두견이

뻐꾸기 몸길이 35cm, 숲이나 논밭 주변에서 단독으로 생활하며, 곤충이나 나무열매를 먹는다.

매사촌 몸길이 32cm, 나무 꼭대기에서 홀로 생활하며, 쥐, 애벌레를 잡아먹고 산다.

벙어리 뻐꾸기 몸길이 32cm, 매우 희귀한 여름철새로 대나무통을 치는 것 같은 소리로 울어 벙어리 뻐꾸기라고 한다.

두견이 몸길이 27.5cm, 산중턱이나, 우거진 숲속에 숨어서 생활한다.

보라꿀새 몸길이 10cm, 떼지어 날아다니며 과일이나 곤충을 잡아 먹는다.

오색딱다구리 몸길이 23.5cm, 홀로 또는 암수가 함께 살며, 나무속의 곤충을 잡아 먹는다.

새끼에게 먹이를 물어다 주는 어미 청딱다구리

■ 왜 딱다구리는 나무를 찍나?

• 먹이를 찾을 때 찍는다. 이 때에는 콕콕콕하는 소리를 내며 찍는다.

• 우는 소리 대신에 나무를 찍는다. 이 때에는 타타타타 하고 찍는다.

크낙새 [천연기념물 제197호] 우리나라에만 남아 있는 희귀한 새이다. 잣나무, 소나무, 참나무, 밤나무가 우거진 어두운 숲의 나무구멍에 산다.

청딱다구리 몸길이 30cm, 산에서 살며, 나무를 쪼아 속에 있는 벌레나 메뚜기 등을 먹고 살며, 뽀뽀뽀하고 운다.

동고비, 박새, 딱새

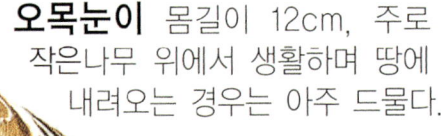

오목눈이 몸길이 12cm, 주로 작은나무 위에서 생활하며 땅에 내려오는 경우는 아주 드물다.

동고비 몸길이 13.5cm, 머리를 아래로 향해 나무 줄기를 타고 걸을 수 있다.

검은딱새 몸길이 13cm, 우리나라에 아주 흔한 철새, 여름에는 벌레나 곤충을 먹고 겨울에는 풀씨나 열매를 먹는다. 여름 철새다.

흰가슴칼새 몸길이 19.5cm, 날기의 명수로 공중에서 곤충을 잡아 먹고 산다.

■ 왜 작은 새는 지저귈까요?

숲 속에서는 결혼 상대가 어디 있는지 잘 보이지 않는다. 그래서 수컷이 지저귀면서 암컷을 부르는 것이다. 또 집을 지으면 다른 수컷이 집 근처에 오지 못하게 한다.

큰유리새 몸길이 16.5cm, 나무 꼭대기에 앉았다가 날아오는 곤충을 잡아 먹은 후에 다시 제자리로 돌아가는 습성이 있다. (여름 철새)

유리딱새 몸길이 14cm, 숲이나 섬에서 살며, 여름에는 딱정벌레, 나비, 벌을 먹고, 겨울에는 나무열매나 풀씨를 먹는다.

딱새 몸길이 14cm, 산이나 논밭에서 살며 여름에는 벌레를 먹고 겨울에는 열매나 풀씨를 먹는다. 딱딱딱하고 운다.

• 큰 유리새의 어버이새는 새끼의 똥을 밖으로 버리든가 먹어치운다.

붉은배지빠귀 몸길이 23.5cm, 아침 일찍 나무 위에서 지저귄다. 우리나라를 봄과 가을에 매우 드물게 지나가는 나그네 새이다.

박새 몸길이 14cm, 산에서 살며, 벌레를 즐겨 먹고, 겨울에는 풀씨를 먹는다. 씨이, 씨이하고 소리를 낸다.

때까치, 쇄개개비

때까치 몸길이 20cm, 산이나 마을에 살며 벌레, 거미, 도마뱀을 먹고 살며, 우리나라에서 일년 내내 산다.

멧새 몸길이 16.5cm, 숲 가장자리 나무가 있는 모래 밭에서 살며, 벌레나 곤충을 잡아 먹고 산다.

■ **들새의 먹이**
- 벌레
- 과일
- 씨앗
- 곡식

굴뚝새 몸길이 10cm, 야산이나 처마밑에 살며 나무열매, 풀씨, 벌레를 먹고 산다. 우리나라에서 일년 내내 지낸다. (겨울 철새)

검은등할미새 몸길이 21cm, 들이나 냇가에 살며, 나비, 거미, 조개, 가재를 즐겨 먹고 찌.찌 하고 울며 우리나라에서 일년 내내 산다.

노랑할미새 몸길이 21cm, 들이나 야산에서 살며, 딱정벌레, 거미를 즐겨 먹는다. (여름 철새)

닭, 오리, 거위

닭의 눈은 사람의 눈보다 7배 정도 멀리 볼수 있다. 한꺼번에 삼킨 먹이를 모래 주머니 속의 돌로 부서 소화를 시킨다.

삼킨 먹이는 모래주머니속의 돌로 부서 진다.

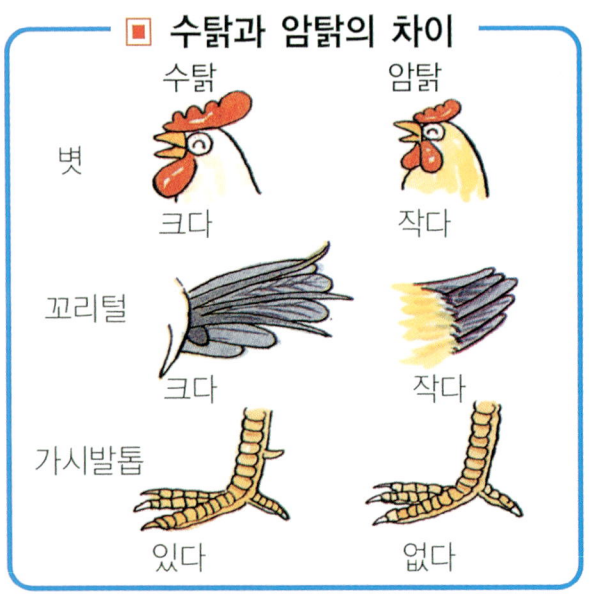

■ 수탉과 암탉의 차이

	수탉	암탉
볏	크다	작다
꼬리털	크다	작다
가시발톱	있다	없다

■ 왜 모래 놀이를 하는가?

닭의 깃털에는 진드기가 붙어 있는 일이 있다. 모래놀이는 그러한 벌레를 잡기 위한 것이다.

■ 닭의 조상

동남아시아에 살고 있다.

적색들닭

폴리머스종

로드아일랜드종

가끔 많은 사람들이 고기와 달걀을 얻기 위해 닭을 기른다. 이 닭들은 농장과 들판을 돌아다니면서 씨앗, 벌레, 곤충을 주워먹는다.

거위 몸크기 80~90cm, 성질이 사나워 집을 지키는데도 이용된다. 고기나 알을 얻기 위해 기르며, 곡식이나 물고기를 먹고 산다.

집오리 몸크기 50~60cm, 집오리는 야생 오리를 개량한 것이다. 물고기, 곡물, 곤충을 먹고 살며 일년에 알을 300개 이상 낳는다.

카나리아, 앵무, 구관조

카나리아는 밝고 활기찬 노래가 매력적이며, 앵무나 구관조는 사람 목소리를 거의 비슷하게 따라할 수 있다.

카나리아 몸크기 12cm, 이 새는 울음소리가 매우 아름다워 노래를 잘 하는 사람을 카나리아라고 할 정도이며 애완용으로 많이 기른다.

큰꽃앵무 몸크기 35cm, 수컷은 녹색이고 암컷은 거의 빨강색이며 과일, 견과류, 꽃꿀을 먹고 산다.

구관조 사람의 말을 잘 흉내내며, 애완용으로 사육한다. 씨앗이나 벌레, 풀잎을 먹고 산다.

붉은 금강앵무 남아메리카에서 살며, 나뭇잎, 씨앗, 열매를 먹고 산다.

앵무새 왼쪽은 이크렉터스 앵무새는 암컷과 수컷의 색깔이 너무 다르다.

■ 카나리아의 조상

카나리아의 조상은 카리아 제도에 사는 새이다. 이 새를 바탕으로 하여 여러 종류의 카나리아가 만들어졌다.

야생카나리아

■ 앵무새는 말을 하나?

앵무새의 혀는 사람의 혀와 생김새가 비슷해서 말을 흉내 낼수 있다. 그러나 말 뜻은 전혀 모른다.

카나리아의 종류

곱슬털카나리아

붉은카나리아 당근을 먹여서 붉게 만든다.

사랑앵무 몸크기 18cm, 잉꼬라는 이름이 더 유명하다. 애완용으로 가장 많이 기르는 새로, 색깔이 다양하다.

무지개앵무 몸크기 26cm, 깃털이 매우 화려하며 날카로운 소리로 우짖는다.

백로, 홍학, 에뮤

화식조 몸크기 1.5m, 열대 우림에서 살며 날지 못한다. 떨어진 과일을 찾아 먹고 산다.

홍학 몸크기 1.25-1.45m, 다리가 매우 길어서 다른 새보다 깊은 물속을 걸어 다니며 먹이를 찾을 수 있다. 진흙으로 집을 짓고 1-2개의 알을 낳는다.

백로 몸크기 90-120cm, 습지에 살면서 물고기, 곤충 등의 작은 생물을 먹고 산다. 번식기가 되면 노란 부리가 검은색으로 변한다.

에뮤 몸크기 2m, 타조에 이어 세상에서 두 번째로 큰 새이다. 오스트레일리아에서 살며, 타조와 마찬가지로 날지 못한다.

어류편(魚類篇)

- **연골어류**
  상어, 가오리

- **경골어류**
  삼치, 다랑어

어류란 무엇인가? 지구상에서 가장 먼저 살기 시작한 척추동물이다. 칠성장어와 먹장어 무리를 제외하면 척추라는 등뼈를 가지고 있다. 어류의 뼈대는 경골로 되어 있지만, 상어나 가오리는 부드러운 뼈대를 가지고 있다.

지구상에 살고 있는 어류는 2만 4천 종이 넘는다. 모든 어류는 물에서 산다. 바다에는 1만 4천 종이 살며, 나머지는 호수와 강에 사는 민물고기이다. 아가미의 특수한 구조로 물에서 산소를 빨아 들인다.

가오리, 홍어

가오리 몸길이 40-45cm, 몸이 넓적한 마른모 꼴이고 꼬리가 가늘고 긴 바닷물고기이다.

홍어 몸길이 1-1.2m, 몸에 비해 꼬리가 길며, 가오리과에 속하는 바닷물고기로 등은 갈색이고 배는 흰색이다. 몸은 잔가시로 덮여 있으며 등뼈를 따라 꼬리까지 가시가 있다.

전기가오리 몸길이 40cm, 머리와 가슴지느러미 사이에 20-30볼트의 발전량을 가진 한 쌍의 발전 기관이 있다. 이곳에서 순식간에 전기를 일으켜 작은 물고기를 잡아 먹는다.

매가오리 몸길이 60cm, 등뼈에 독샘이 이어져 있는데 그 독은 사람에게도 큰 해를 입힌다.

■ 가오리의 비밀

- 난태생으로 10마리 정도의 새끼를 낳는다.
- 눈은 등쪽에 코, 입, 항문은 배쪽에 있다.
- 꼬리에 무서운 독이 있는 가시가 있다.

먹이를 기다리는 나비가오리

나비가오리 몸길이 1m, 따뜻한 바다에서 살며, 몸에 비해 꼬리가 짧다.

매가오리 몸길이 1m, 긴 꼬리로 적을 세게 때린다. 등뼈는 독샘이 이어져 있는데 그 독은 사람에게도 해를 입힌다. 납작한 이빨로 조개나 게 같은 껍데기가 단단한 먹이도 부숴먹는다.

바다속 모래 위에서 몸을 숨기고 먹이를 기다리는 홍어

상어, 게, 새우

속력을 빨리 내기에 거의 완벽한 모양을 가진 상어는 바다에서 가장 무서운 물고기이다. 거대한 백상어의 몸길이는 9m나 되며 무게는 2.7톤이 넘는다. 상어들은 계속 움직여야만 한다. 움직이지 않고 가만히 있으면 가라앉게 된다.

환도상어 몸길이 6m, 주로 대서양이나 태평양의 따뜻한 해안가에서 살며 여름철에는 북쪽으로 올라간다.

황새치 몸길이 2-5m, 빠르고 활동적인 물고기이며, 유선형의 몸에는 낫처럼 생긴 등지느러미를 가지고 있다.

청새치 몸길이 3-5m, 가장 빠르게 헤엄치는 물고기 중의 하나이다. 유선형의 몸매와 초승달 모양의 꼬리를 가지고 있으며, 무게가 180kg이나 된다.

백상아리 몸길이 6m, 들쭉날쭉한 세모쪽의 이빨로 물개와 돌고래와 상어들까지도 잡아먹는 크고 사나운 물고기이다.

꽃게 몸길이 35cm, 서해연평도 근해에서 많이 잡히며 집게 발 두 개가 아주 큰 바다게로 맛이 아주 좋다.

가재 몸길이 8cm, 맑은 골짜기 물이나 시냇물에 살며, 몸이 딱딱한 껍데기로 싸여 있다.

바닷가재 몸길이 30cm, 낮에는 바위 틈에 숨어 있다가 밤이 되면 먹이를 사냥하러 나온다.

백합 몸길이 15cm, 바다밑의 모래나 진흙에 근육질인 발로 구멍을 깊이 파고 산다.

가리비 몸길이 10cm, 껍데기가 약간 열리면 잘 발달된 눈들이 한 줄로 늘어서 있는 것을 볼 수있다.

새우 몸길이 7cm, 강이나 연못에 주로 살며, 작은 생물을 먹고 산다.

101

다랑어

어류 가운데 가장 빨리 헤엄을 칠 수 있는데, 시속 80km까지 낼 수 있다. 주로 어류와 오징어를 잡아 먹고 산다.

황다랑어 몸길이 1.8m, 무게 204kg, 황다랑어는 떼를 지어 다니며 고등어를 자주 습격한다. 대서양과 태평양에서 산다.

황다랑어 다랑어류 가운데 가장 인기 있다.

눈다랑어 몸길이 2.4m, 무게 180kg이며 다랑어 중에서 중간 정도의 크기이다.

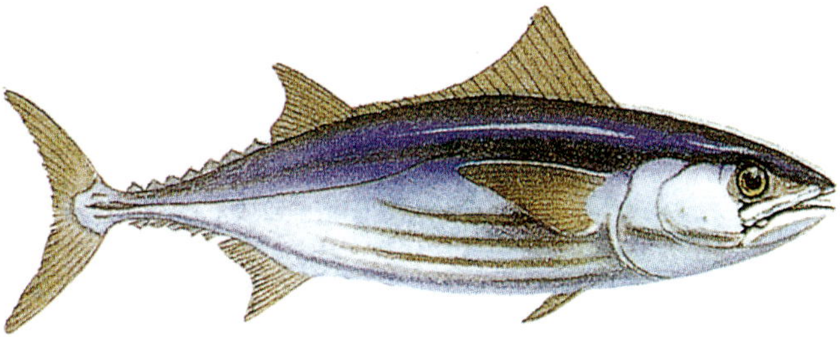

참다랑어 몸길이 3m, 무게 540kg, 다랑어 중에서 몸집이 제일 크며, 헤엄치는 속도가 가장 빠른 어류이다.

가다랑어 몸길이 1.5m, 다랑어 중에서 조금 작으며 헤엄을 잘 친다.

점다랑어 몸길이 1m, 가슴 지느러미 밑부분에 검은색 점이 있다. 떼를 지어 다니며 오징어를 주로 잡아 먹고 고등어 떼도 습격한다.

■ 가다랑어의 몸무늬 변화

- 보통 때는 몸에 무늬가 없다.
- 흥분하면 세로 줄무늬가 나타난다.
- 죽은 후에는 옆줄 무늬가 나타난다.

가자미, 넙치

넙치나 가자미는 약 570종이 있으며, 3종을 제외하고는 모두 바다에서 산다. 새끼물고기는 눈이 양쪽에 있지만 자라면서 몸이 납작해지고 눈이 한쪽으로 쏠린다. 눈을 위로하고 바다 밑에 살며, 눈이 오른쪽에 있는 것도 있고 왼쪽에 있는 것도 있다.

터보트 몸길이 1m, 몸이 매우 넓적하고 색깔도 다양하며 바다 밑바닥에 쉽게 숨을 수 있다.

검정뺨보섭서대 몸길이 20cm, 바다밑에 살며 갑각류나 연체동물을 먹고 산다.

대서양납서대 몸길이 30-60cm, 주로 밤에 먹이를 찾아나서며, 낮에는 모래나 진흙에 몸을 묻고 지낸다. 새끼는 물 위를 헤엄쳐 다니며, 성장을 하면 바다 밑으로 내려간다.

서머넙치 몸길이 1m, 넙치과의 한 종류이며, 갑각류, 연체동물, 물고기를 먹고 산다. 주로 바다 밑에서 생활하며, 주위환경에 따라 검은 점이 있는 회갈색을 띠고 있다.

■ 가자미눈의 비밀

- 가자미와 넙치는 매우 비슷하다. 머리의 앞쪽에서 보았을 때 눈의 위치가 오른쪽에 있는 것은 가자미, 왼쪽에 있는 것은 넙치이다.

자라면서 눈의 위치가 점점 오른쪽으로 몰린다.

- 바다 밑의 모래 바닥에 옆으로 눕는 습성 때문에 눈의 위치가 변한 것이다.

넙치 몸길이 50-59cm, 눈이 양쪽에 있다가 자라면서 한쪽으로 몰린다. 눈을 위로하고 바다 밑에서 산다.

캘리포니아넙치 몸길이 1.5m, 큰 입에 튼튼하고 날카로운 이빨을 가지고 있다. 특히 멸치류를 먹으며, 사람에게 중요한 식용어류이다.

가자미 몸길이 30-40cm, 눈이 오른쪽으로 몰려 있으면 가자미이고 왼쪽에 있으면 넙치다. 작은 물고기나 조개를 먹고 살며, 알은 겨울에 낳는다.

개복치, 복, 해마

철갑둥어 몸길이 12.5cm, 철갑둥어의 몸은 두툼한 갑옷 같은 비늘로 덮여 있다.

점지취복 몸길이 56cm, 점지취복 등에는 3개의 가시줄기가 있으며, 척추동물, 특히 성게를 좋아한다.

푸른얼룩거북복 몸길이 46cm, 비늘로 덮여 있고 바다의 척추동물을 먹고 산다.

개복치 몸길이 4m, 개복치는 복어류에 속하는 물고기이며, 동물 플랑크톤과 작은 해파리 등을 먹고 산다.

달고기 몸길이 40-66cm, 등지느러미의 앞부분에 9-10개, 뒷지느러미의 앞에 3-4개의 굵은 가시가 있다.

전기뱀장어 몸크기 2.4m, 전기뱀장어는 몸에 있는 특수한 근육을 이용해 강력한 전기를 만들어 낸다.

해초해마 몸길이 46cm, 몸에 풀처럼 팔랑거리는 것이 달려 있어 바닷말 속에 숨어 적을 피하는데 도움이 된다. 암컷은 수컷의 배 아래 부분에 있는 주머니에 알을 낳는다.

큰점쏠배감펑 몸길이 38cm, 등에는 독가시가 나 있는데, 독이 매우 강해 사람에게도 위험하다.

불라우트꺽정이 몸길이 25-60cm, 아가미의 가장자리를 따라서 짧은 가시가 나 있으며, 암컷이 수컷보다 크다.

대서양달재 몸길이 41cm, 가슴 지느러미로 서기도 하며, 일생 동안을 바다 밑에서 보낸다.

난쟁이해마 몸길이 4cm, 수직으로 서서 작은 등지느러미로 천천히 몸을 밀며 헤엄친다.

107

명태, 숭어, 농어, 참치

명태 몸길이 60cm, 입과 눈알이 크고 등이 검은 무늬가 박힌 갈색이다. 말리면 북어가 된다.

전갱이 몸길이 40cm, 우리 나라 전 연안에 살며 갑각류나 작은 물고기를 먹고 산다.

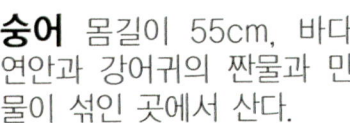

고등어 몸길이 40cm, 등이 검푸른 바탕에 검정 무늬가 있고, 배는 희며 살이 많은 바다 물고기

숭어 몸길이 55cm, 바다 연안과 강어귀의 짠물과 민물이 섞인 곳에서 산다.

삼치 몸길이 80cm, 고등어와 비슷하나 좀더 길고 등이 푸르고, 배는 흰 바다 물고기.

날개쥐치 몸길이 91cm, 바다 밑에 코를 박고 무척추동물과 바닷풀을 먹는다. 푸르스름한 몸색깔 덕분에 눈에 잘 띄지 않는다.

농어 몸길이 50cm, 몸이 조금 납작하고 주둥이가 크며, 지느러미가 크고 단단하다. 등은 검푸른 잿빛이다.

점가시복 몸길이 91cm, 연체동물이나 게처럼 껍데기가 단단한 먹이도 부수어 먹는다. 몸에 가시가 있어 위험이 오면 가시를 빳빳하게 세운다.

참치 몸길이 57cm, 등이 검푸르고 배는 희며 살은 검붉으며, 통조림이나 횟감으로 많이 쓰인다. 참다랑어

갈치 몸길이 1m, 따뜻한 바닷물에서 살며, 한해자라는 갈치 길이가 30-40cm쯤 되고 4년이 지나면 1m에 이른다.

연어, 송어, 은어

연어 몸길이 1m, 강에서 태어나 깊은 바다로 나가 살다가 태어난 강으로 되돌아와 알을 낳는다.

은어 몸길이 20cm, 몸이 날씬하고 길며 옆으로 납작하다. 맑은 강물에서 살며 물풀을 먹고 산다.

북극홍송어 몸길이 25-96cm, 일생을 북극에서 보내며 물고기와 연체동물을 먹는다.

송어 몸길이 40cm, 강에서 태어나 바다에서 살다가 산란기에 강으로 거슬러올라가 알을 낳는다.

■ 연어의 비밀

- 연어가 강상류에 도착해 알을 낳을 때가 되면 수컷은 위턱과 아래턱 끝이 구부러진다.
- 깊은 바다에서 살다가 태어난 강으로 되돌아올 때는 강의 냄새를 맡고 찾아온다.
- 암컷과 수컷은 알 낳을 집을 짓는다. 알을 낳은 뒤 암컷은 자갈로 알을 덮어 보호한다.

홍연어 몸길이 85cm, 태어난 지 약 4년이 되면 홍연어는 바다를 떠나 강으로 간다. 어린 새끼는 민물에서 3년을 지내고 바다로 간다.

무지개송어 몸길이 1m, 양식을 하는 무지개 송어는 식용어류이며, 자연산 송어는 바다에서 보내긴 하지만 주로 강에서 산다.

대서양연어 몸길이 1.5m, 강에서 2-6년 자란 새끼는 바다로 나가 생활을 하다 번식을 하기 위해 다시 강으로 올라와 번식을 한다.

■ 물고기의 내부

부레는 수중에서 물고기가 떠있게 해 준다.

신장, 아가미, 심장, 간, 위, 내장, 장, 방광, 난소

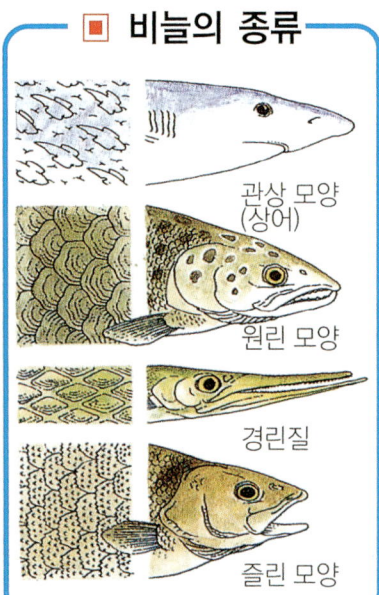

■ 비늘의 종류

관상 모양 (상어)

원린 모양

경린질

즐린 모양

가물치, 쏘가리

가물치 몸길이 30-50cm, 연못이나 늪처럼 고여 있는 흐린 물에서 산다. 암컷과 수컷이 함께 둥지를 만든다.

꺽지 몸길이 10-20cm, 우리나라 특산종. 물이 맑고 자갈이 많은 강의 상류에 산다.

큰가시고기 몸길이 7-8cm, 연해에서 살다가 이른 봄에 알을 낳기 위해 강으로 올라온다. 풀이나 애벌레를 먹는다.

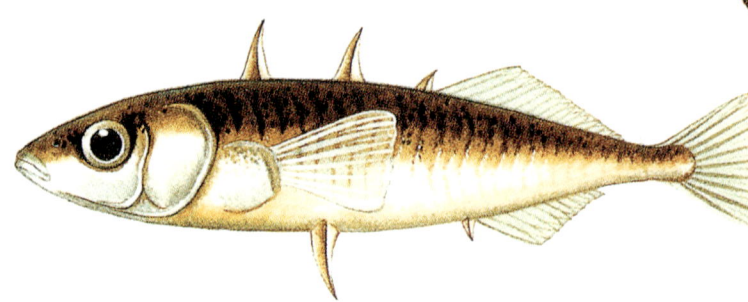

돌마자 몸길이 5-7cm, 우리나라 특산종, 물살이 느리고 자갈이나 모래가 깔린 강바닥에 살며 잡식성 어류이다.

산천어 몸길이 20cm, 송어가 바다로 내려가지 않고 강에서 성숙한 것으로 물이 맑은 상류에 산다. 식용으로 인기가 좋다.

쏘가리 몸길이 35cm, 맑은 강물에 사는 민물고기로 등지느러미로 쏜다. 민물에 사는 물고기 중 가장 맛이 있고, 식성은 육식성으로 물고기나 새우를 먹는다.

동사리 몸길이 10-15cm, 강의 중류나 상류에 산다. 몸 빛깔이 잘 변하는 것은 자신을 지키기 위한 것이다.

꺽정이 몸길이 25-60cm, 아가미의 가장자리를 따라서 짧은 가시가 나있고, 벌레나 작은물고기를 잡아먹는다.

열목어 몸길이 34cm, 물이 맑은 강물에서 살며, 찬물을 특히 좋아해 깊은 산속의 물에서 볼 수있다.

■ 열목어의 비밀

- 물이 아주 맑고 온도가 낮은 찬물에서만 살기 때문에 깊은 산속의 물에서 산다.

- 눈에 열이 많아 열목어라고 부르지만 사실은 눈동자에 붉은 줄이 있어서 붉게 보이는 것이다.

- 강 상류로 거슬러 올라갈 때 폭포를 만나게 되면 훌륭한 솜씨로 폭포타기를 한다.

잉어, 붕어, 줄납자루

붕어 몸길이 10-20cm, 물살이 느리고 물풀이 많은 강에 살며, 적응을 잘한다.

▫ 콧구멍의 비밀

잉어의 콧구멍은 2쌍씩 있다. 콧속으로 물이 들어올 때 먹이의 냄새를 느낀다.

물이 통과한다.

잉어 몸길이 35cm, 옆으로 납작하며 비늘이 크다. 물살이 세지 않고 진흙 바닥의 민물에서 살며 잡식성이다.

참붕어 몸길이 6-8cm, 얕은 저수지나 강에서 떼 지어 다니며, 돌 주위에 알을 낳는다.

각시붕어 몸길이 5cm, 물 흐름이 느리고 물풀이 우거진 얕은 강에 산다. 주로 물풀을 먹는다.

▫ 붕어의 몸 빛깔

- 흐르는 물 - 청갈색
- 고인 물 - 황갈색

납자루 몸길이 5-9cm, 물살이 빠른 얕은 강바닥이나 큰 자갈이 많은 곳에 산다.

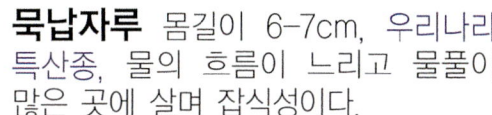

묵납자루 몸길이 6-7cm, 우리나라 특산종, 물의 흐름이 느리고 물풀이 많은 곳에 살며 잡식성이다.

줄납자루 몸길이 6-10cm, 우리나라 특산종, 물풀이 우거진 깊은 강에 살며, 곤충, 애벌레, 물풀을 먹고 산다.

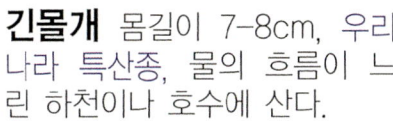

긴몰개 몸길이 7-8cm, 우리나라 특산종, 물의 흐름이 느린 하천이나 호수에 산다.

참몰개 몸길이 8-10cm, 우리나라 특산종, 물풀이 우거진 얕은 강이나 호수에 산다.

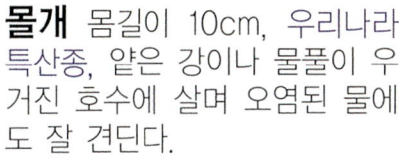

몰개 몸길이 10cm, 우리나라 특산종, 얕은 강이나 물풀이 우거진 호수에 살며 오염된 물에도 잘 견딘다.

큰납자리 몸길이 6-10cm, 물의 흐름이 느리고 물풀이 우거진 강 바닥에서 조용히 헤엄친다. 잡식성이고 아무거나 잘 먹는다.

모래무지, 쉬리, 피라미

피라미 몸길이 8-12cm, 가장 흔한 물고기로 오염된 강물에도 잘 견디며, 우리나라 전역에서 볼 수 있다.

갈겨니 몸길이 10-15cm, 맑은 강물에 살면서 물에 사는 곤충을 잡아먹는다.

모래무지 몸길이 10-20cm, 모래가 많은 강바닥에 살며, 모래 속에 잘 숨어서 모래무지라고 한다.

버들개 몸길이 10-15cm, 주로 물이 맑은 상류에서 많이 볼 수 있는 물고기이다.

■ 어름치의 생활

- 어름치는 천연 기념물 제 259호로 지금은 한강에만 남아 있는 우리 나라 특산종이다.
- 어름치는 알을 낳기 위해 자갈밭에 웅덩이를 파고 그 속에 알을 낳는다.
- 알을 낳은 후 돌을 끌어다 탑을 쌓아 놓는다. 이것을 '산란탑' 이라고 한다.

쉬리 몸길이 10cm, 우리나라 특산종, 물이 맑은 강의 상류나 중류에서 산다.

왜매치 몸길이 6-8cm, 우리나라 특산종, 물이 맑고, 모래나 자갈이 깔린 물살이 빠른 강에 산다.

왜종개 몸길이 10-15cm, 우리나라 특산종, 바닥에 자갈이 깔리고 물의 흐름이 비교적 빠른 곳에 산다.

미유기 몸길이 15-25cm, 우리나라 특산종, 메기와 비슷하나 더 가늘고 물이 맑은 강바닥에서 산다.

퉁가리 몸길이 10cm, 우리나라 특산종, 물이 맑고 자갈이 깔린 강에 살며, 주로 밤에 활동한다.

미꾸리 몸길이 10-17cm, 바닥이 진흙으로 된 논이나 늪지에서 살며, 산소가 부족해도 잘 견딘다.

성게, 불가사리, 말미잘, 산호

먹이의 섭취 불가사리는 팔에 힘을 가해 조개 껍질을 연 다음 자신의 배를 조개에 대고 조갯살을 먹는다.

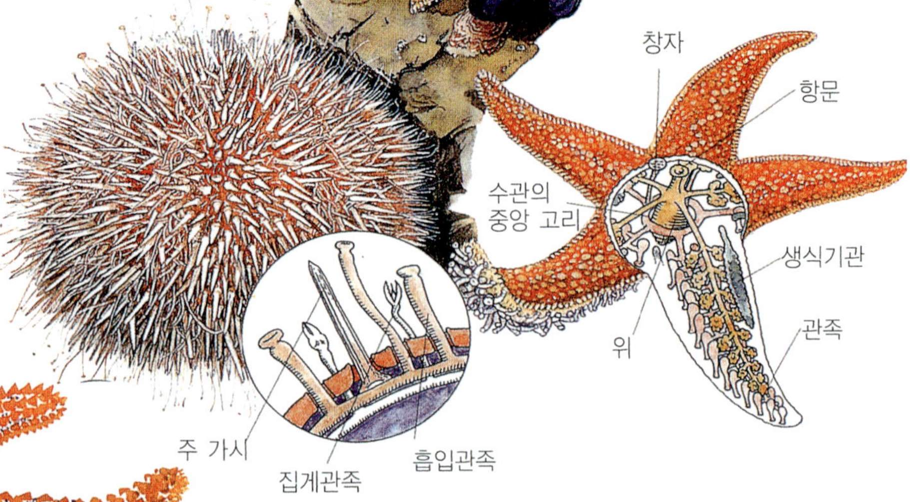

성게 몸길이 5~9cm, 몸은 석회질로 이루어진 딱딱하고 둥근 껍데기로 되어 있다. 몸의 표면에는 가시가 많이 나 있고, 그 끝에 가는 실 모양의 관족이 나온다. 해조류, 작은 생물, 죽은 동물 따위를 먹는다.

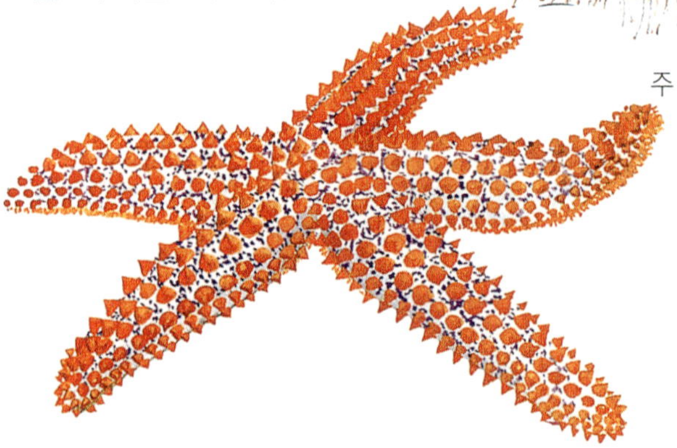

주 가시 · 집게관족 · 흡입관족

창자 · 항문 · 수관의 중앙 고리 · 생식기관 · 위 · 관족

불가사리 몸길이 9cm, 몸이 다섯 가닥으로 되어 있어 별 모양으로 생긴 바다에 사는 연체 동물이다. 얕은 바다의 암초위에서 살며, 몸의 한 부분이 잘려 나가도 다시 돋아난다.

■ 불가사리의 비밀

불가사리는 몸의 한 부분이 잘려도 다시 돋아난다. 또 잘려 나간 각 토막도 하나의 완전한 불가사리로 자란다. 그래서 '죽지 않는다' 하여 불가사리라는 이름이 붙었다.

산호 색깔이 현란하고 모양이 기이하여 온갖 종류의 사물을 닮았다. 나무처럼 보여 식물인 줄 알지만 사실은 동물이다.

말미잘 몸길이 5-70cm, 말미잘은 촉수라고 불리는 팔이 많이 있다. 주로 다른 동물이나 바위에 붙어 살지만 모래 속에 묻혀 살거나 물 속을 헤엄치며 산다.

■ 산호의 비밀

- 대부분 바위에 단단히 붙어 살고 있다. 
- 촉수를 활짝 펼쳐 놓고 먹이가 다가오기를 기다린다. 
- 촉수에 먹이가 닿으면 독침을 쏘아 마비시킨 뒤 먹이를 입으로 가져간다.

한동가리 는 말미잘의 따가운 촉수 가운데로 들어가 적을 피한다.

홍합, 소라, 해삼

하루 두번 생기는 밀물과 썰물의 힘에 견딜 수 있도록 껍데기가 발달하였다. 파도에 휩쓸려 나가지 않도록 바위 표면에 단단히 달라 붙을 수 있는 방법도 가지고 있으며 주로 바닷물이나 말미잘을 먹고 산다.

홍합 바위에 달라 붙게 해 주는 실은 몸 안에 있는 샘에서 나온 끈끈한 액체가 만든 것이다. 이 액체가 굳어져 단단히 붙게 한다.

• 달팽이 종류인 고둥은 바위에서 자라는 아주 작은 바닷말을 먹는다.

총알고둥 이 고둥은 다른 종들에 비해 높은 곳에 있는 돌이나 바위에 붙어서 산다.

청줄삿갓조개 바다 밑이나 바위에서 자라고 바닷말에 붙어살며, 바닷말을 뜯어 먹고 산다.

소라 몸길이 8cm, 나사처럼 둥글둥글하게 말린 단단한 껍질이 몸을 둘러 싸고 있다.

해삼 몸길이 25cm, 불가사리 무리에 속하지만 몸이 단순하게 길다. 한쪽 끝에는 항문이 있고, 다른 쪽 끝에는 촉수로 둘러싸인 입이 있어서 먹이를 먹는다.

무늬개지오 몸길이 12cm, 바다 달팽이 무리로 아름답게 빛나는 껍데기를 가지고 있다.

민조개삿갓 몸길이 15cm, 몸은 다섯 조각으로 된 껍데기에 싸여 있다. 바위나 배 등에 몸을 붙이고 산다.

굴 몸길이 10-12cm, 부드러운 몸은 두 장의 단단한 껍데기에 의해 보호되는데 질긴 근육을 이용해 껍데기에 단단히 붙어 있다.

옆새우 몸길이 2.5cm, 바위 밑이나 바닷말 사이에서 식물이나 동물성 작은 먹이를 먹고 산다.

삿갓조개 바닷말을 먹기 위해 다른 곳으로 이동할 때 있던 자리에 끈끈한 액체를 남긴다. 먹이를 먹고 있던 자리를 찾기 위해서다.

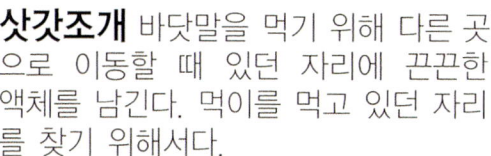

줄따개비 파도가 밀려오면 입구를 벌려 플랑크톤을 모아 들인다. 파도가 밀려가면 입구를 막는다.

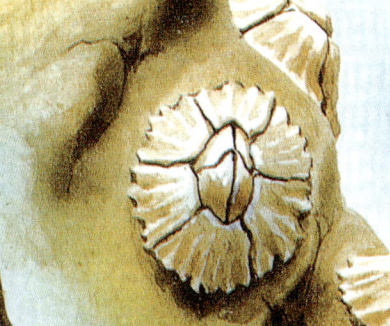

장어, 황어

무태장어 [천연기념물 258호] 몸길이 2m, 강이나, 호수, 늪지의 깊은 곳에 살며 잡식성이다.

뱀장어 몸길이 50-60cm, 강이나 호수에 살며 깊은 바다로 내려가 알을 낳는다.

날개망둑 몸길이 7-8cm, 하구의 모래바닥에서 산다. 모래 속에 잘 숨으며, 조개 껍데기 속에 알을 낳는다.

두줄망둑 몸길이 7-9cm, 강의 하류나 강어귀에 산다. 조개 껍데기의 안쪽에 알을 낳으며 수컷이 보호한다.

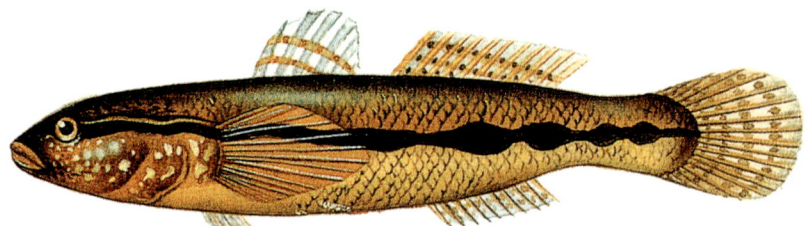

검정망둑 몸길이 7-10cm, 강에서 태어난 새끼는 바다로 내려간다.

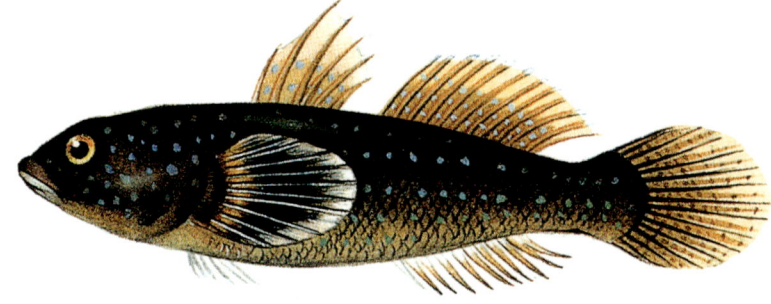

황어 몸길이 15-20cm, 물이 맑은 강 하류에서 살며, 대부분 바다에서 보내다 산란할 때 강으로 온다.

곤충편(昆蟲篇)

곤충은 머리, 가슴, 배의 세부분으로 구분되어 있다. 머리에는 두 눈, 주위를 살피는데 필요한 한쌍의 더듬이 그리고 입이 있다. 가슴에는 세 쌍의 다리와 보통 두 쌍의 날개가 있다.

메뚜기, 귀뚜라미, 베짱이

물장군 크기가 6cm, 늪이나 연못에서 살고 작은 물고기나 올챙이, 개구리를 잡아 체액을 빨아먹는다.

메뚜기
크기가 4-5cm, 주로 가을에 볏논에서 많이 볼 수 있으며 볏잎을 먹고 산다.

베짱이 크기가 1.2-7.5cm, 주로 식물을 먹지만 작은 곤충도 잡아먹는다.

방아깨비 크기가 7-9cm, 여름부터 가을까지 풀밭에서 볼 수 있다. 수컷이 암컷보다 아주 작다.

개똥벌레 몸길이 12cm, 배의 2-3마디의 빛을 내는 발광기가 있다. 물풀에 알을 낳으며, 반딧불이라고도 불린다.

🔲 반딧불이는 왜 빛을 낼까?

- 반딧불이는 수컷과 암컷이 서로 부르기 위한 신호로 빛을 낸다. 또 이렇게 빛을 냄으로써 적을 위협하여 몸을 보호하는 데도 도움이 된다.

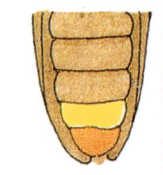

암컷   수컷
〈빛을 내는 곳〉

철석이 크기가 1.2-7.5cm, 암컷은 칼 모양의 산란관을 가지고 있다.

풀무치 크기 1.2-7.5cm, 사람들에게 가장 많은 해를 끼치는 곤충이다. 풀무치가 농작물을 덮치면 완전히 고사한다.

귀뚜라미 크기가 0.9-2.5cm, 앞날개의 패인 부분을 문질러서 높고 날카로운 소리를 낸다.

바퀴 크기가 0.6-2.5cm, 전세계에 퍼져 있다. 주로 건물 안에서 살며, 번식력이 상당히 빠르다.

땅강아지 크기가 2-5cm, 앞다리로 땅에 굴을 파고 그 속에서 산다. 식물의 뿌리를 먹고 농작물에 해를 준다.

여치 크기가 4-5cm, 봄부터 초가을까지 풀밭이나 강변의 풀숲에 살며, 무더운 여름날에 주로 운다.

잠자리, 사마귀

잠자리와 사마귀는 곤충세계에서 가장 무서운 사냥꾼이다. 빨리 날아 다니며 공중에서 먹이를 잡거나 나뭇잎에 붙은 작은 생물을 잡아 먹으며, 애벌레도 작은 생물을 잡아 먹고 사는 무서운 곤충이다.

왕잠자리 크기 6-12cm, 가장 크고 빠른 잠자리이다. 사냥할 때는 다리로 먹이를 움켜쥘 자세를 취한다.

장수잠자리 크기 6-8cm, 삼림지대의 시냇가에서 흔히 볼 수 있는 큰 잠자리이다. 애벌레는 물에 사는 곤충과 올챙이를 잡아 먹는다.

■ **왕잠자리의 한살이**
(학베기→잠자리의 애벌레)

알을 낳는다(학베기)

알에서 깨어난 애벌레

학베기가 헤엄을 친다.

날개돋이가 시작됨

하늘을 나는 잠자리

청실잠자리 크기 3-5cm, 연못이나 습지 주위에서 파리와 같은 곤충을 잡아 먹고 산다.

배치레잠자리 크기 2-6cm, 연못이나 늪지의 괴어 있는 물이나 천천히 흐르는 물가까이에서 볼 수 있다.

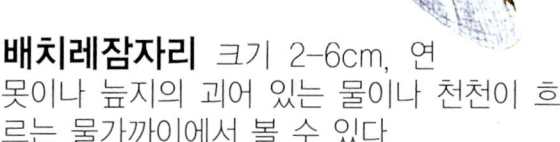

■ **왜 붙어서 날까요?**

- 짝짓기를 하기 위해서 수컷과 암컷은 붙어 난다. 앞이 수컷이고 뒤가 암컷이다.

■ **학베기의 먹이**

실지렁이
장구벌레
물벼룩
붉은장구벌레

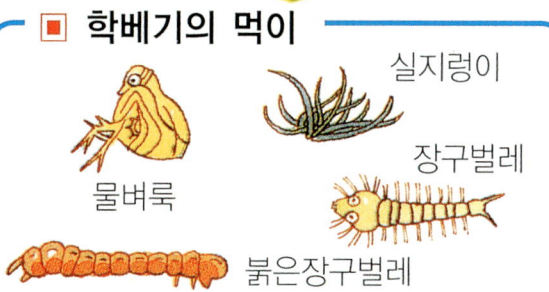

네무늬잠자리 화살처럼 빠르게 날라 영어로 다터라는 이름을 얻었으며, 크기는 2-6cm이다, 곤충을 먹고 산다.

부채장수잠자리 여덟째 마디가 부채 모양으로 되어 있으며 크기가 6-10cm이다.

꽃사마귀 몸크기 12-15cm, 이 사마귀는 꽃과 구별하기 힘들 정도로 화려한 색깔을 띤 것들이 있으며, 곤충을 잡아 먹는다.

사마귀 몸크기 12-15cm, 힘센 앞다리는 훌륭한 사냥도구이며, 앞다리에 날카로운 가시가 있어 먹이를 놓치지 않는다.

약대벌레 몸크기 0.5-2.5cm, 뱀처럼 목이 길다고 해서 붙여진 이름이다.

풀잠자리 몸크기 1-1.9cm, 어른벌레와 애벌레 모두 진딧물과 같은 작은 곤충을 먹고 산다. 애벌레는 체액을 먹고 산다.

강도래 몸크기 1-4cm, 애벌레는 시냇물에 살며 풀과 곤충을 먹는다.

사마귀붙이 몸크기 4-25cm, 풀잠자리와 같은 종인 사마귀 붙이는 크기만 작을 뿐 거의 사마귀처럼 생겼고 먹이도 사마귀 같이 잡는다.

129

벼룩, 이, 빈대, 딱정벌레

벼룩, 이, 빈대, 딱정벌레의 네 무리는 곤충 가운데 가장 많은 수를 차지 한다.

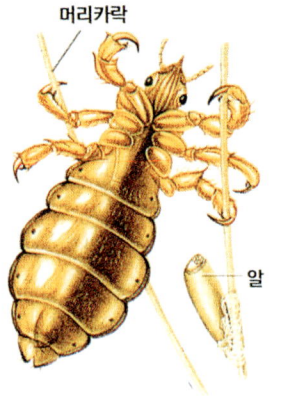
머리카락
알

이 머릿니 몸길이 0.3cm, 사람의 머리에 살면서 피를 빨아 먹는 곤충이다.

빈대 몸길이 0.6cm, 낮에는 주로 숨어 지내다가 밤이 되면 새나 포유류의 피를 빨아 먹고 산다.

장남노린재 몸길이 0.3-1.9cm, 흔하게 볼 수 있는 곤충이며, 나뭇잎, 씨앗, 과실을 먹고, 진딧물 같은 해충도 잡아 먹는다.

쇠똥구리 몸길이 2cm, 몸은 검고, 광택이 있으며 소똥, 말똥을 굴 속으로 날라 저장해서 먹고 산다.

다듬이 벌레 몸길이 0.15-0.6cm, 날개가 있는 것과 없는 것이 있다. 덤불 숲과 나무 껍질 밑에 살면서 이끼 등을 먹는다.

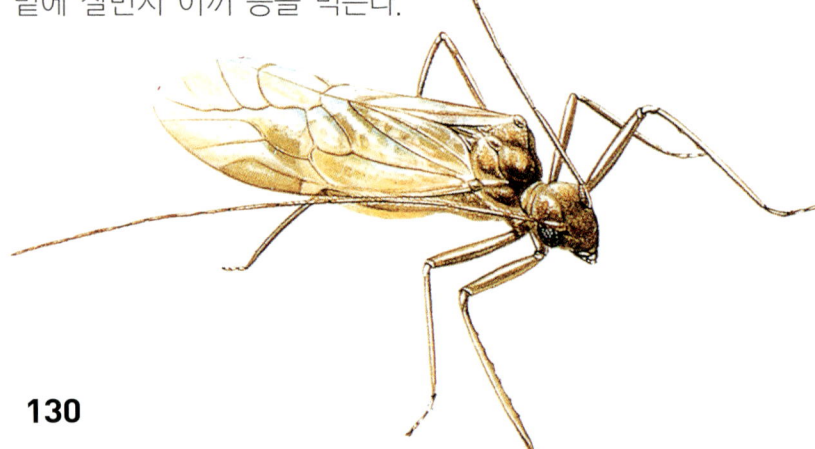

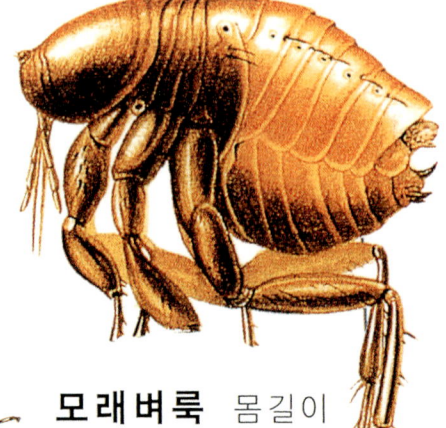

모래벼룩 몸길이 0.3-0.6cm, 사람이나 다른 동물의 피를 빨아 먹고 산다.

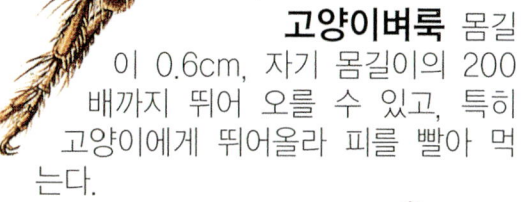

길앞잡이 몸길이 2cm, 산길을 가다 보면 흔히 볼 수 있는데 마치 길을 안내하는 것처럼, 날아가다 멈추고 하여 길앞잡이라 한다.

고양이벼룩 몸길이 0.6cm, 자기 몸길이의 200배까지 뛰어 오를 수 있고, 특히 고양이에게 뛰어올라 피를 빨아 먹는다.

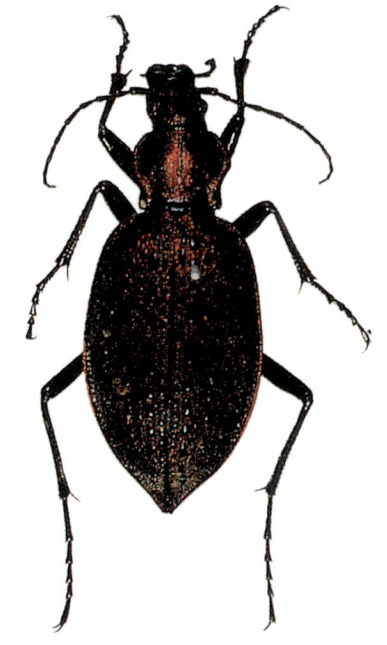

홍단딱정벌레 몸길이 4cm, 낮에는 돌이나 낙엽 밑에 숨어 있다가 밤에 활동한다.

노린재 몸크기 0.6-2cm, 적의 공격을 받으면 고약한 냄새가 나는 액체를 뿜어 낸다. 관으로 된 입으로 식물의 즙이나 동물의 체액을 빨아 먹는다.

■ 노린재의 비밀

애벌레   어른벌레

만지면 고약한 냄새가 나는데, 이것은 적으로부터 몸을 지키기 위한 방법이다.

바늘처럼 뾰족하고 긴 입을 풀이나 나무 줄기에 꽂아 즙을 빨아먹는다.

안갖춘 탈바꿈을 한다. 다 자란 어른 벌레와 모양이 애벌레는 비슷하다.

사슴벌레

큰 머리와 강한 턱을 가진 사슴벌레, 수컷은 무서운 겉모습과 달리 다른 동물에게 해를 끼치지 않으며, 주로 나무즙이나 다른 액체를 빨아먹고 산다. 길이가 6-8cm 정도이며 삼림지대에 사는데 특히 열대 우림지역에서 많이 볼수 있다.

사슴벌레의 날아 오르는 장면

사슴벌레 암컷은 싸움을 하는 수컷보다 크기가 작고 턱도 수컷보다 작다

- **싸우는 수컷 경쟁자들** 사슴벌레들은 나뭇가지 위에서 만나면 자기 영역을 지키기 위하여 상대방의 수컷을 자신의 턱으로 꽉 안으려고 한다. 일단 상대를 안으면 아래로 내던진다.

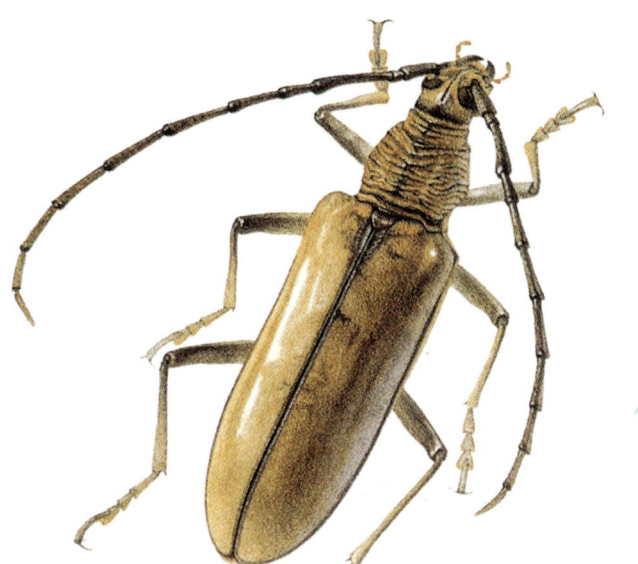

하늘소 크기가 18cm이며 애벌레는 나무를 갈아 먹어 나무에 해를 주며, 어른벌레는 꽃가루와 꽃의 꿀을 먹는다.

물방개 크기가 0.2-4cm이며 연못과 호수에서 살며 물고기를 잡아 먹는다.

거저리 크기가 2.5-4.5cm이며 건조한 지역에서 흔히 볼수 있다. 주로 사막에 살며 썩은 고기, 썩은 나무, 곡식을 먹는다.

송장벌레 크기가 4cm이며 죽은 생쥐나 새 같은 동물을 먹는다.

솜바구니 크기가 2-4cm이며 목화를 먹기 때문에 사람들에게 많은 해를 끼치는 곤충이다.

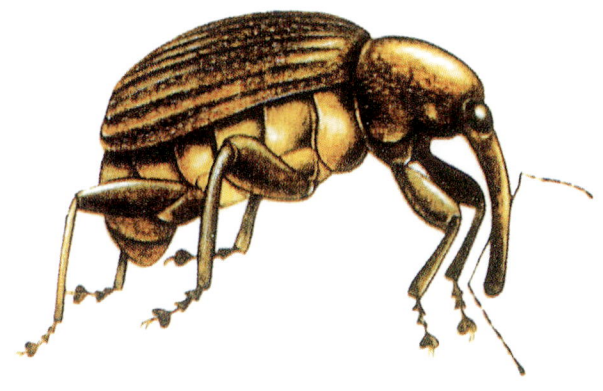

나무속을 파먹는 하늘소

나비의 종류

호랑나비

붉은띠귤빛부전나비 낮은 산의 골짜기에 많이 살며, 수컷은 오후 3시경부터 해지기 전까지 활동한다. 알로 월동함.

호랑나비 날개길이 5-28cm, 무늬가 산뜻하며 어른벌레는 꽃에서 꿀을 먹는다.

제비나비 몸크기 5-28cm, 나비의 색깔이 검정색이며 꼬리가 나 있어 아름답다.

눈많은그늘나비 6월초-7월, 어두운 숲 속에서 천천히 날아다니며, 습지에는 여러 마리가 모이지 않는다.

암검은표범나비 6월-10월초, 숲 근처나 산길에서 자주 볼 수 있는 나비이다.

지리산 팔공나비

금강산녹색부전나비 논이나 밭부근에서 주로 날아다니며 낮은 산골짜기에서도 볼 수 있으며 낮에 활동한다.

애기세줄나비 5월 초-9월 중순, 산초나무 등의 꽃에서 꿀을 빨며 나무 진이나 썩은 과일에 모인다.

은판나비 6월말-7월, 동물 등의 배설물에 모이며 습지에서 활동하며 물도 마신다.

별박이세줄나비 5월 말-10월 초 양지바른 숲 근처에서 흔히 볼 수 있으며, 발생지에서는 무리지어 날아다닌다.

거꾸로여덟팔나비 5-8월, 산의 계곡 주변이나 숲 근처에서 활발하게 날아다닌다.

135

도시처녀나비 5월 중순-6월, 풀 위에 잘 앉는데, 앉을 때 날개와 몸을 왼쪽으로 기울이는 습성이 있다.

제왕나비 가을이면 떼를 지어 캐나다에서 멕시코를 향해 약 3200km를 날아간다. 이듬해 봄에 멕시코에서 알을 낳고 다시 돌아간다.

배추흰나비 잘 발달된 앞다리를 이용해 걷는다. 어른 벌레는 꿀을 먹지만 애벌레는 배추같은 채소를 먹는다.

들신선나비 4월초-6월 중순, 재빠르게 날아다니며 땅 위 나무가지에 앉아 햇볕을 쬐고 썩은 과일이나 오물에 모인다.

작은주홍부전나비 휴식을 취하거나 꽃에서 꿀을 먹을 때는 날개를 뒤로 모은다. 애벌레는 소리쟁이 잎을 먹는다.

■ 배추흰나비의 하루

- 배추 흰나비는 이른 봄부터 가을까지 많이 볼 수 있지만, 한여름에는 그 수가 급격히 줄어든다. 이것은 너무 더우면 행동이 둔해져 천적에게 잡아 먹히기 때문이다.

■ 나비 눈의 비밀

배추흰나비는 사람의 눈에는 보이지 않는 자외선을 볼 수 있기 때문에 색깔로 암컷을 구별한다.

사람의 눈으로 본 나비

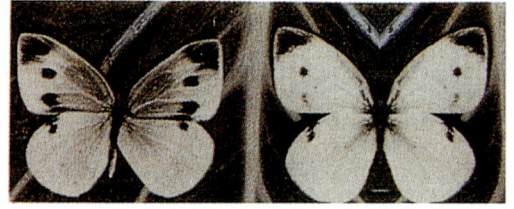

나비의 눈으로 본 나비

■ 배추흰나비와 알

나방의 종류

식물이 자라는 곳이라면 어디든지 나비와 나방이 날아다닌다. 나비류는 약 15만 종이 있으며, 곤충 가운데 두 번째로 큰 무리를 이룬다. 나방은 나비보다 색깔이 더 엷고 주로 밤에 활동한다.

■ 나비와 나방을 구별하는 법

나방: 주로 밤에 활동한다.
나비: 주로 낮에 활동한다.

나방: 더듬이 끝이 굵거나 빗살처럼 생겼다.
나비: 더듬이 끝이 가늘다.

나방: 날개를 접고 앉는다.
나비: 날개를 펴고 앉는다.

흰줄박각시나방 밤에 꿀을 먹기 위해 꽃을 찾는다. 대부분의 나방들처럼 더듬이는 촉각 뿐 아니라 냄새에도 아주 예민하다. 희미한 냄새도 잘 맞는다.

불나방 몸이 넓고 털이 많으며 날개에 선이 굵은 무늬가 있다. 날개에 화려한 무늬가 있는 것과 애벌레가 많은 것은 다른 포유류 동물들에게 자신들이 독이 있다는 경고다.

목화밤나방 밤나방과에 속한 나방은 대부분 밤에 날아다니며 어두운 색깔을 띠고 있다.

곱추재주나방 참나무류가 있는 숲에서 주로 날아다니며, 많이 볼 수 있다.

가중나무고치나방 봄 볕에 잘 모여들며 애벌레는 가중나무나 소태나무 등의 잎을 먹고 애벌레로 월동한다.

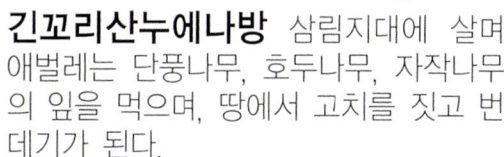

벌꼬리박각시 관처럼 생긴 긴 입을 꽃속 깊숙이 넣어 꿀을 빨아먹는다. 벌새가 날개치는 듯한 작은 소리를 내면서 날아오른다.

긴꼬리산누에나방 삼림지대에 살며 애벌레는 단풍나무, 호두나무, 자작나무의 잎을 먹으며, 땅에서 고치를 짓고 번데기가 된다.

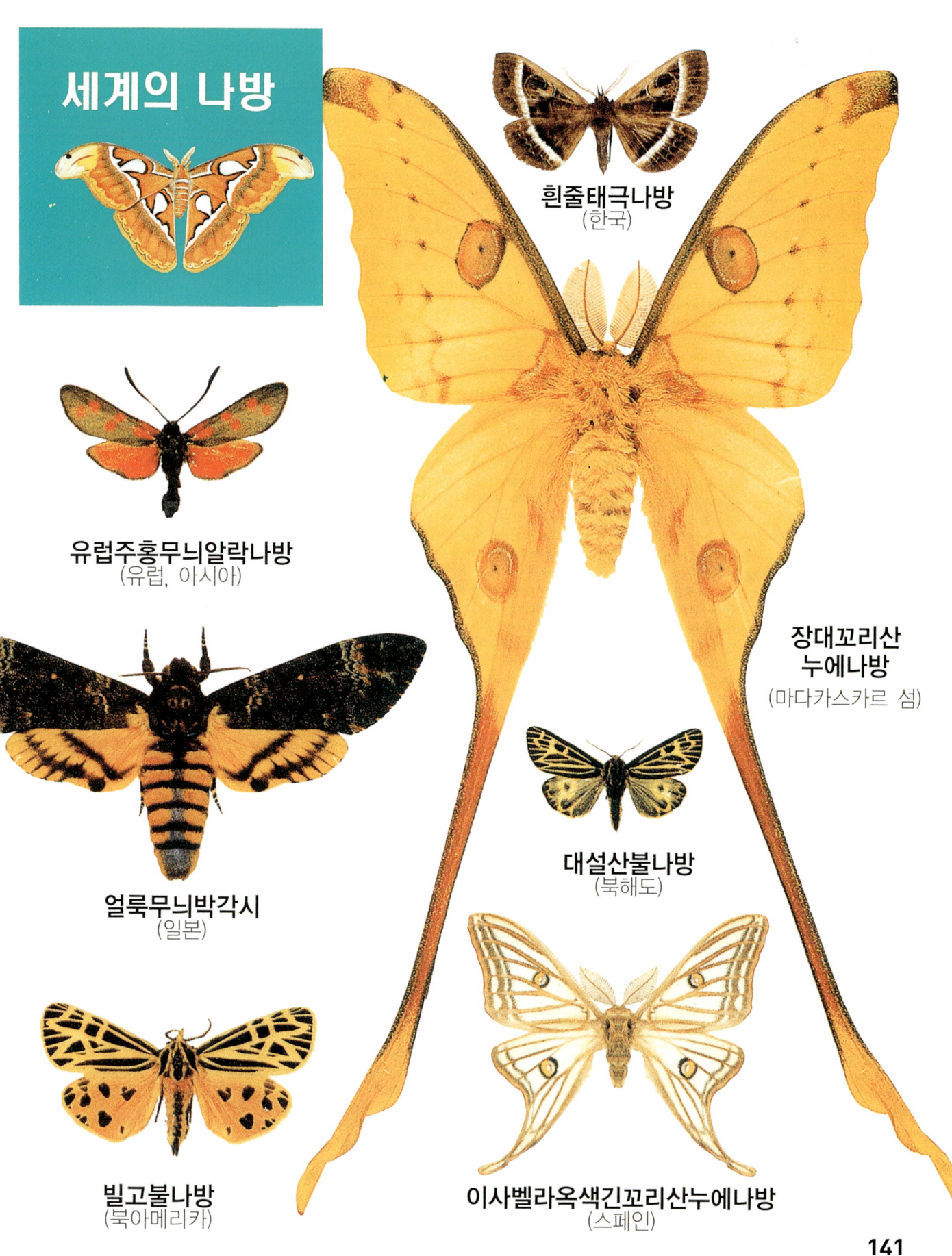

벌, 말벌

꿀벌 가늘고 긴 입으로 꽃에서 꿀을 빨아 저장하며 몸 끝의 독침으로 적을 쏜다.

가위벌 가위벌은 잘라낸 꽃과 잎 조각으로 흙이나 썩은 나무의 구멍을 찾아 집을 짓는다.

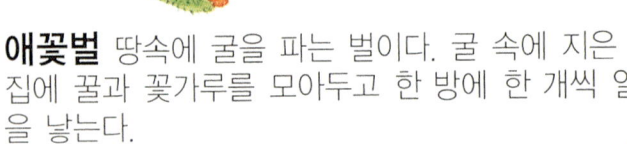

애꽃벌 땅속에 굴을 파는 벌이다. 굴 속에 지은 집에 꿀과 꽃가루를 모아두고 한 방에 한 개씩 알을 낳는다.

장수말벌 곤충과 꿀을 먹으며 3cm까지 자란다. 식물을 씹어서 종이처럼 만들어 집을 짓는다. 공동사회를 이룬다.

쌍살벌 나무를 씹어서 침을 섞어 종이처럼 만든후 그것으로 집을 짓는다. 약 20마리가 한 집에 산다.

- 일벌이 하는 일 – 꿀 모으기, 집 청소, 애벌레 보살피기, 집지키기 등의 일을 한다.

- **바쁜 일벌** 일벌은 항상 집 안에서 할 일이 많다. 꿀벌들이 꽃가루와 꿀을 가지고 돌아오면 그것들을 잘 모아둔다. 일벌들은 밀납을 부드러워질 때 가지 씹은 후 다시 뱉어 집을 만든다.

입벌 말벌의 천적이지만 배와 가슴 사이에 잘록한 허리가 없다. 암컷은 톱날처럼 생긴 산란관을 버드나무 잎 등에 밀어 넣어 알을 낳는다.

땅벌 꿀이나 잘 익은 과실과 같은 달콤한 것을 먹는다. 애벌레는 곤충을 잡아먹는다. 땅벌은 침으로 먹이를 죽이기도 하지만 사람이나 다른 적으로 부터 자신을 지킬 때 침을 사용하기도 한다.

호박벌, 나나니

뒤영벌 몸크기 03.-2.5cm, 검은색 몸에 노란 줄 무늬가 있으며, 유일하게 겨울을 지낸 여왕벌은 봄이 되면 땅 속에 집 지을 장소를 찾고 꽃가루와 꿀을 모아 먹이를 만든다. 여왕벌이 알을 낳은 후 알에서 깬 애벌레는 여왕벌이 만든 먹이를 먹는다.

떡벌 몸 크기 0.3-2.5cm, 침을 쏠 수 없어도 튼튼한 턱이 있어서 어떤 침입자도 물어 뜯을 수 있으며, 공동생활을 한다.

혹벌 몸크기 0.15-0.9cm, 특별한 종류의 식물에 알을 낳는다. 알을 낳은 식물에는 알 주위에 혹이 생겨 자라기 시작한다.

호박벌 암컷은 나무를 씹어서 굴 처럼 생긴 집을 짓는다. 굴 안에 방을 여러 개 만들어 꽃가루와 꽃을 모아둔다. 한 방에 알을 하나만 낳는다.

혹

나나니 몸크기 0.9-5cm, 혼자서 생활하는 벌이며, 다른 곤충과 꿀을 먹고 산다. 마취시킨 곤충을 애벌레가 먹도록 한다.

일벌 일벌은 6주 정도 산다. 첫주에 무리의 알과 애벌레를 돌본다. 다음 집 짓는 것을 돕고, 다른 일벌이 가져온 꽃가루와 꿀을 벌집안에 저장한다. 끝으로 꽃가루를 모아 집으로 가지고 온다.

좀호박벌 몸길이 1.7cm, 몸은 검은색이고 긴 털이 빽빽이 나 있다.

등검은쌍살벌 몸길이 2.1-2.6cm, 처마밑에 집을 짓고 산다.

왕가위벌 몸길이 2.1-2.5cm, 밤나무나 장미나무를 못살게 해친다.

■ 꿀벌이 맴돌며 춤추는 이유?

꿀이 있는 곳을 동료에게 알리기 위해서이다.

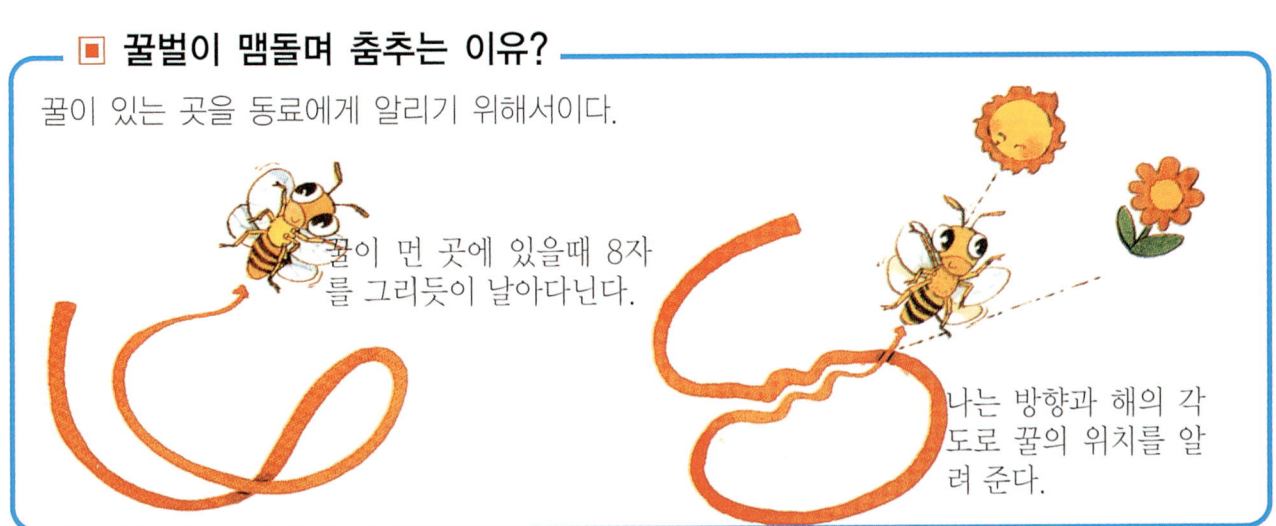

꿀이 먼 곳에 있을때 8자를 그리듯이 날아다닌다.

나는 방향과 해의 각도로 꿀의 위치를 알려 준다.

매미, 무당벌레

매미는 애벌레에서 어른 벌레가 되기까지 땅 속에 있는 기간이 비교적 길다. 4-7년을 땅 속에서 식물뿌리의 즙을 빨아 먹고 산다. 오랜 기간이 지나면 땅 위로 기어 올라와 어른 매미가 된다 어른 매미는 20일 정도 살다 알을 낳고 곧 죽는다.

매미 몸크기 최대 5cm, 나무의 즙을 먹고 살며, 아시아에서 산다. 매미의 울음소리는 수컷이 내는 소리이다.

◼ **매미의 종류**

쓰름매미

유지매미

깽깽매미

◼ **매미는 날며 오줌을 싸나?**

날 때 몸을 가볍게 하기 위해 지금까지 빨아먹었던 나무의 즙을 몸 밖으로 내보내는 것이다.

◼ **매미는 왜 울까요?**

주로 수컷이 암컷을 부르기 위해 운다.

무당벌레 몸크기 0.9cm, 진딧물을 먹으며 풀에서 산다. 식물의 즙을 빨아먹는 진딧물을 잡아 먹고 산다.

무당벌레의 성장과정

남생이무당벌레 몸길이 1~1.3cm, 날개무늬가 계절따라 변한다.

무당벌레 몸길이 0.8cm, 진딧물을 먹고 산다.

칠성무당벌레 몸길이 0.8cm, 풀밭에서 자주 본다.

무당벌레의 무리지어 있는 모습

거미

거미는 곤충과 다른 무리에 속하는 무척추 동물이다. 거미류는 아주 오래 된 생물로 약 4억년 전부터 이 땅에 살고 있다. 거미는 또 이로운 동물이라고 할 수 있다.

보자기 거미 여러 조각의 헝겊으로 만든 편편한 보자기 모양의 거미줄을 친다.

거미줄에서 기다리기

거미줄을 치고 있는 이 거미는 다른 곤충이 실수로 끈끈한 거미줄에 걸리기를 기다리며 숨어 있다. 거미줄에는 끈끈한 줄과 끈끈하지 않은 줄이 있어 거미는 끈끈하지 않은 줄을 잡는다. 또한 다리에는 미끈거리는 특수 물질이 있어서 거미 자신은 덫에 걸려들지 않는다.

깡충거미 시력이 좋은 깡충거미는 먹이를 발견하면 깡충깡충 뛴다. 먹이를 잡은 후 제자리로 돌아 온다.

늑대거미 대부분 거미줄을 치지 않으며, 먹이를 사냥할 때 몸놀림이 재빠르다. 시력이 좋아서 먹이를 잘 잡는다.

물거미 유일하게 일생을 물에서 사는 거미이다. 물속에서 공기 호흡을 할 수 있는 특수한 집을 만든다. 집 안으로 먹이가 들어오면 갑자기 공격해서 잡아 먹는다.

물거미

게거미 아주 빠른 걸음으로 게처럼 옆으로 움직인다. 거미줄을 치지는 않지만 꽃에 앉아 먹이를 기다리는 게거미는 꽃에 어울리는 화려한 색깔을 띤다.

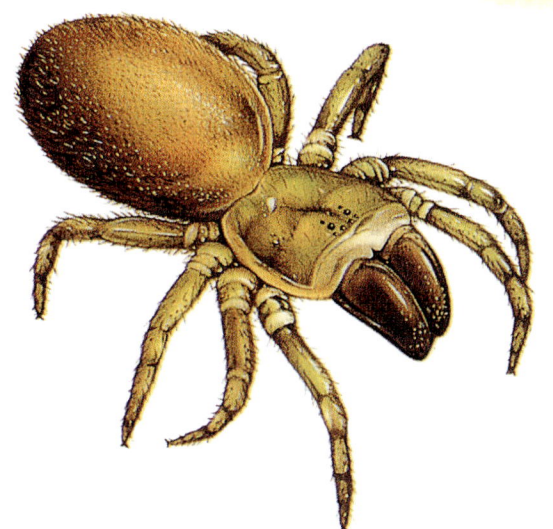

땅거미 경사진 굴속에 거미줄로 관처럼 생긴 자루를 만든다. 곤충이 자루 속에 떨어지면, 날카로운 이빨로 물어서 굴 안으로 가져간다.

149

개미, 파리, 모기

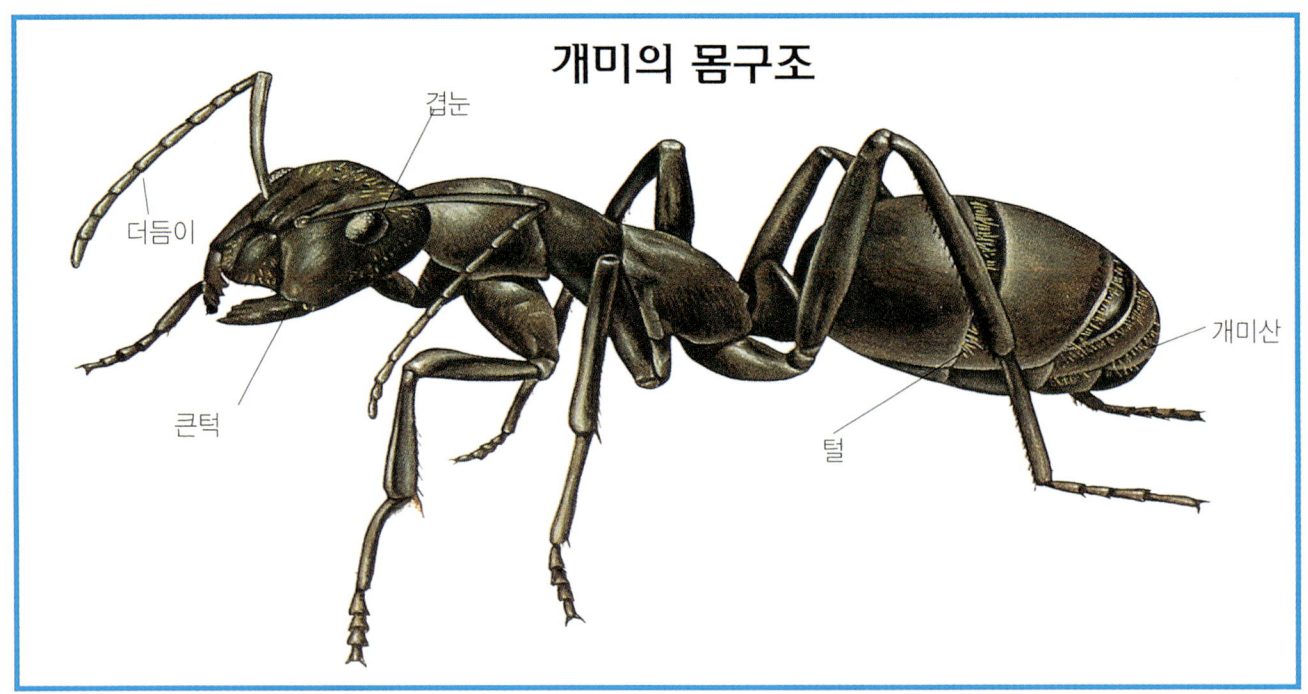

개미의 몸구조

집파리 몸길이 0.6-1.5cm, 세계 어디서나 볼 수 있으며, 거름이나 썩은 것에서 나오는 액체를 빨아 먹고 산다.

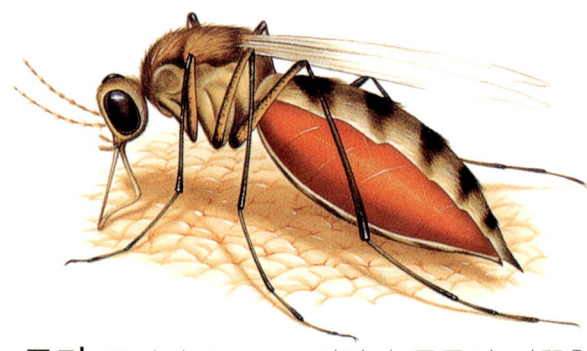

모기 몸길이 2.5cm, 젖먹이 동물의 따뜻한 피를 빨아 먹으며, 주둥이는 주사 바늘처럼 생겼다.

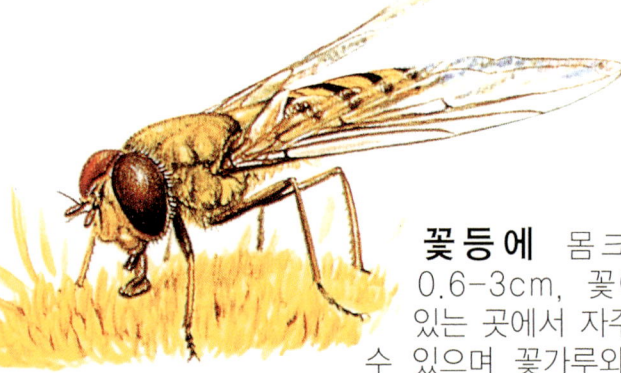

꽃등에 몸크기 0.6-3cm, 꽃이 있는 곳에서 자주 볼 수 있으며 꽃가루와 꿀을 먹는다.

깔다구 몸길이 0.15-0.9cm, 주로 저녁에 연못과 시냇물 근처에서 떼지어 날아 다닌다.

가위개미 자신이 먹이를 스스로 만들어 먹는다. 잎을 잘라 땅속 집으로 가지고가 배설물과 섞어 두면 그 곳에서 자라는 균을 먹는다.

침개미 물리면 사람도 아픔을 느낀다. 다른 곤충도 물어 죽이지만 식물의 씨와 과일과 꽃을 먹기도 한다.

나무흰개미 몸길이 2.5cm, 목재나 건물의 기둥, 가구도 갉아 먹는다. 내장에 생물이 살고 있어 소화를 잘 시킨다.

홍개미 몸길이 0.15-2.5cm, 홍개미는 진딧물의 소화기관에서 나오는 달콤한 액체를 먹고 산다. 진딧물의 배를 두드려 몸에서 단물이 나오도록 자극한다.

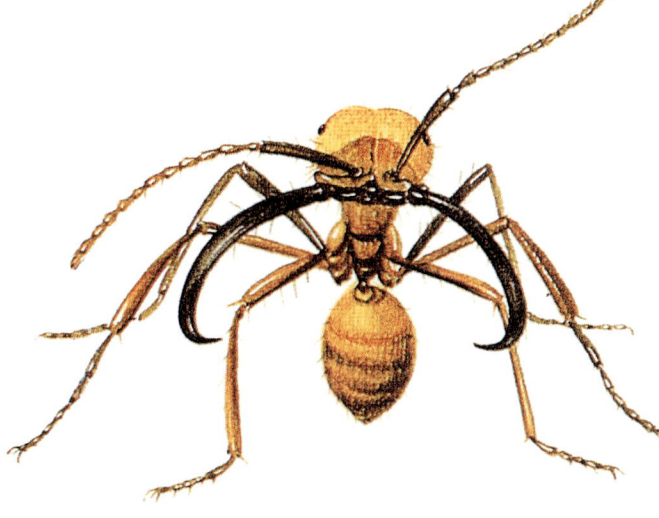

군대개미 다른 개미와 달리 한 곳에 오래 머물지 않으며 집을 짓지 않는다. 다른 곤충이나 생물들에게 겁을 주며 먹이를 구하러 다닌다.

뿔 흰 개 미 병정개미는 긴 입을 가지고 있는데 이 입으로 끈끈하고 고약한 냄새가 나는 액체를 적에게 뿌린다.

전갈, 진드기, 응애

전갈 몸크기 5-7cm, 주로 더듬이 다리로 먹이를 잡는다. 거대한 집게발로 먹이를 붙잡고, 꼬리에 있는 독침을 먹이에게 찔러 넣어 움직이지 못하도록 하고 먹는다.

전갈, 진드기, 응애는 절지 동물로 흔히 곤충으로 생각하지만 이들은 곤충과는 다른 무리에 속하는 무척추 동물이다.

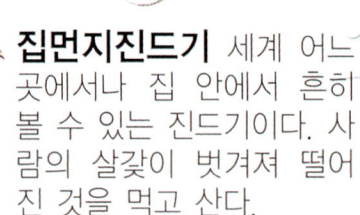

집먼지진드기 세계 어느 곳에서나 집 안에서 흔히 볼 수 있는 진드기이다. 사람의 살갗이 벗겨져 떨어진 것을 먹고 산다.

전갈붙이 몸크기 0.6cm, 머리에 달린 더듬이 다리에 독샘이 있으며, 이 독으로 먹이를 공격한다.

사막전갈 사막에서 살며, 곤충이나 도마뱀을 잡아먹고 앞다리는 더듬이로 사용한다.

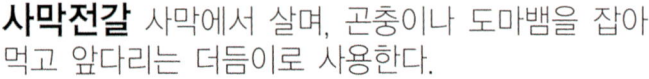

응애 새, 포유류의 몸에 달라 붙어 피를 빨아 먹으며, 어떤 것은 그 사이에 질병을 옮기기도 한다.

벨벳진드기 어른 벌레는 곤충의 알을 먹고 살며 혼자 산다. 알에서 깬 애벌레는 곤충이나 거미의 몸에 붙어서 그 체액을 먹고 산다.

생일 선물 종류

한 권으로 보는 공룡의 모든것!
신기하고 놀라운 140여가지 이야기

꽃의 화려함과 상세한 설명들
우리가 주위에서 자주 볼 수 있는
120여 가지의 꽃들!

- 대형사전의 기능을 갖춘 어휘와 파생어를 엄선하여 수록하였다.
- 초등학교 교과서의 나오는 낱말은 물론 일상 생활에서 많이 사용하는 어휘들을 수록하였다.
- 교육부가 선정 발표한 1,800자 한자를 상세히 수록하였다.
- 학생들의 학습에 도움이 되도록 삽화와 사진들을 많이 실었다.
- 학습에 도움이 되도록 인명과 지명을 많이 수록하였다.
- 우리말, 글을 바르게 알고 바르게 쓰기, 문장부호를 바르게 쓰기 문장표현을 여러가지 기재하였고, 논설문과 설명문을 수록하였다.
- 저학년부터 새국어사전을 독서하여 성인이 되어 사회에서 성공의 도움을 줍니다.

찾아보기

가

가리비 101
가마우지 62
가물치(종류) 112

가오리(종류) 98, 99
가위개미 151
가위벌 142
가자미(종류) 105, 106
가재(꽃게, 가재종류) 101
가중나무고치나방 139
갈겨니(종류) 116
갈매기 62
갈치 109
강도래 129
강치 42
개 39
개개비사촌 91
개구리(종류) 50, 51
개똥지빠귀 84
개미 150
개복치 106
거꾸로여덟팔나비 135
거문고새 81
거미 148
거북(종류) 45, 47
거위 93
거저리 132
검은등할미새 74, 90
검은딱새 88
검정소 35
게 101
게거미 149
겜스북 26
고등어 108
고라니 15
고래(종류) 43, 44
고릴라 30
고슴도치 20
고양이벼룩 131
곰 10

곱등어 43
곱슬털카나리아 95
곱추재주나방(종류) 139, 141

공작 77
관박쥐 21
관비둘기 76
구관조 94
군대개미 151
굴(종류) 121
굴뚝새 90
금강산녹색부전나비(종류) 135, 140
기린 17
긴꼬리산누에나방 139
긴꼬리홍양진이 84
길앞잡이 131
까마귀 72
까치 72
깔다구 150
깝짝도요 74
깡충거미 149
꼬리깃 79
꼬마물떼새 74
꽃등에 150
꽃사마귀 129
꾀꼬리 82
꿀벌 142

꿩(종류) 56, 57

나

나비(종류) 130
나나니 144
나무흰개미 151
나방 138
낙타 32
날다람쥐 13

납자루(종류) 115
낫부리벌새 76
너구리 20
넙치 115
네무늬잠자리 127
노란가슴긴발톱종다리 83
노랑턱멧새 84
노랑할미새 90
누루 15
노린재 131
논병아리 58
농어(종류) 108
눈많은그늘나비 134
느시 75
늑대 24
늑대거미 149

다

다듬이벌레 130
다람쥐 13
다랑어(종류) 102, 103
단봉낙타 32
달팽이 52
닭 92
담비 20
당나귀 36
덤불해오라기 59
도롱뇽(종류) 54
도마뱀 48
도마요 76
도시처녀나비 136
도요새(종류) 63
독수리 66
돌고래(종류) 43
동고비 88
돼새 85
돼지(종류) 37
된장잠자리 128

두견이 86
두꺼비 50
두저지 12
두루미 60
뒤영벌 144
들닭 57
들신선나비 136
등검은쌍살벌 145
딩고 52
따오기 75

딱다구리 84
딱새 89
땅거미 149
땅벌 143
떡벌 144
때까치 90

라

레아 77
리카온 18

마

마못 53
말 36
말똥가리 67
말미잘 119
망둑 122
매 67
매미(종류) 146

매사촌 86
메뚜기(종류) 124, 125
멧돼지 28
멧새 90
명태 108
모기 150
모래무지 116
모래벼룩 130
목화밤나방 139
몽구스 53
뭉당벌레(종류) 147
무지개앵무 95
물개 42

물거미 149
물까치 72
물까마귀 73
물레새 83
물방개 132
물잠자리 128
물총새 73
미꾸리(종류) 117
밀화부리 91

바

바다사자 42
바다코끼리 42
바다표범 41
바위너구리 52
박새 89
박쥐 21
반달가슴곰 11
방울새 82
배추흰나비 136
배치레잠자리 127
백로 96
백조 61
백합 101
뱀(종류) 49
뱀눈새 58

버들개 116
벌꼬리박각시 139
벌잡이새사촌 76
벙어리뻐꾸기 86
벨벳진드기 152
벼룩(종류) 130, 131
별박이새줄나비 135
보라꿀새 86
보라빛사브르죽지벌새 81
복(종류) 106
부채머리딱새 181
부채장수잠자리 127
북극홍송어 110
불가사리 118
불나방 139
붉은금강앵무 94
붉은띠귤빛부건나비 134
붉은배지빠귀 89
붉은숫긴꼬리태양새 78
붉은울음원숭이 29
붕어(종류) 114, 115
비버 53
비오리 61
뻐꾸기 86
뿔흰개미 151
뿔호반새 74

사

사랑앵무 95
사마귀 129

사마귀붙이 129
사막전갈 152
사슴 14
사자 16
사향노루 15
산양 15
산토끼 12
산호(종류) 119
삼치 108
상어(종류) 100
쌍봉낙타 32
새우 101
새치 100
색손왕풍조 80
성게 118
소(종류) 35

소라 121
소쩍새 69
솔부엉이 70
솜바구니 132
송어(종류) 110, 111
송장벌레 132
쇠기러기 61
쇠개개비 91
쇠똥구리 130
쇠물닭 59
쇠오리 61
수달 23
수리부엉이 70
수염멧돼지 28
숭어(종류) 108
쉬리 117
스라소니 20
스컹크 52
슴새 75
신천옹 63
쌍살벌 142
쏘가리(종류) 113
쑥새 84

아

아프리카들소 26
아프리카물소 26
악어(종류) 45, 46
암검은표범나비 134
애기바다제비 63
애꽃벌 142

앵무새 95
야크 32
약대벌레 129
양(앙고라) 38
어치 72
얼룩말 25
얼룩점박이하이에나 19
에뮤 96
여우 24
연어 110
열목어 113
염소 38
영원 54

오가피 17
오랑우탄 29
오리너구리 53
오리 93
오목눈이 88
오색딱다구리 87
오소리 20
올빼미 69

왕가위벌 145
왕새매 67
왕잠자리 126
왜가리 58
원숭이 29
원앙 60
웜바트 54
유럽큰멧닭 78
유리딱새 89
유리지빠귀 84
은어 110
은판나비 135
인도공작 77
일벌 145

임팔라 26
잉어(종류) 114
입벌 143

자

작은주홍부전나비 136
잠자리 126
장남노린재 130
장수말벌 142
장수잠자리(종류) 126, 128
장식비단죽지새 76
장어(종류) 122
재두루미 58
전갈 152
전갈붙이 152
전갱이 108

제비 (종류) 71
제주도 조랑말 36
제왕나비 136
족제비 23
좀호박벌 145
종다리 83

줄무늬하이에나 19
쥐 12
진홍가슴 91
집먼지진드기 152

집오리 93
집파리 150
찌르레기 82

차

참매 67
참새 71
청둥오리 61
청딱다구리 87
청설모 13
청실잠자리 127
치타 18
칠면조 77
칠성무당벌레 147
칡부엉이 70
침개미 151
침팬지 30

카

카나리아 94
카멜레온 48
캥거루 33
코끼리 31
꼬뿔소 31
코알라 52
크낙새 87
큰곰 10
큰길달리기새 77
큰꽃앵무 94
큰박쥐 21
큰유리새 89
큰풍조(극락조) 79

타

타조 79
터밭말똥가리 67
토끼 40
통가리 117

파

파랑새 83
판다 34
팔색조 82
펭귄 64, 65
표범 18
푸조풍조 80
풀잠자리 129

하

하늘다람쥐 13
하늘소 132
하루살이 128
하마 27

해마(해초,종류) 106
해변종다리 83
해삼 121
해오라기 59
한국소 35
황새 75
호랑나비 134
호랑이 8
호박벌 144
호반새 73

혹멧돼지 28
혹벌 144
홀스트인종젓소 35
홍개미 151
홍단딱정벌레 131
홍학 97
홍합(종류) 120
화식조 96
황금새 85
황어 122
황여새 85
황조롱이 67
회색캥거루 33
후투티 82
흡혈박쥐 22
흙두루미 60
흰가슴칼새 88
흰긴꼬리풍조 80
흰머리수리 68
흰목물떼새 73
흰뺨오리(종류) 62
흰손긴팔원숭이 29
흰올빼미 69
흰줄박각시나방 138

참 나의첫동물 도감 책 도움 주신 곳

1. 기획·편집 : 박종석
1. 감　　수 : 로버드 짐
1. 자료 제공 : 유아교실
1. 우리글 기획

참 나의첫동물 도감

2024년 3월 20일　초판 인쇄
2024년 3월 25일　초판 발행

기획·편집 : 박종석
감　　수 : 로버드 짐
옮　　김 : 박종수
펴 낸 이 : 정영희 외 1명
펴 낸 곳 : (유)태평양 저널
판 매 처 : (유)한국영상문화사
서울시 영등포구 신길동 23길 32
전　화 : 02) 834-3689
전　송 : 02) 834-1802
등록 : 1991년 5월 3일 (제2017-000030)

ISBN : 979-11-982098-7-0
정가 19,700원

※ 파본책은 교환 해 드립니다.
※ 판권은 본사 소유임.